# PASSO A PASSO...

## RITHÉE CEVASCO

com a colaboração de Jorge Chapuis

# PASSO A PASSO...
## RUMO A UMA CLÍNICA BORROMEANA

VOLUME 1 de 3

© 2018 Ediciones S&P
*Paso a paso... hacia una clínica borromea*
*Volumen 1 de 3*

|  |  |
|---|---|
| *Editora:* | Fernanda Zacharewicz |
| *Conselho editorial:* | Andréa Brunetto — Escola de Psicanálise dos Fóruns do Campo Lacaniano |
|  | Beatriz Santos — Université Paris Diderot — Paris 7 |
|  | Lia Carneiro Silveira — Universidade Estadual do Ceará |
|  | Luis Izcovich — École de Psychanalyse des Forums du Champ Lacanien |
| *Tradução:* | Paulo Sérgio de Souza Jr. |
| *Revisão:* | Fernanda Zacharewicz |
|  | André Luiz Rodrigues |
| *Revisão técnica:* | Gláucia Nagem |
| *Capa:* | Dante Bertini e Jorge Chapuis |
| *Adaptação da capa para a edição brasileira:* | Wellinton Lenzi |
| *Diagramação:* | Sonia Peticov |

Primeira edição: maio de 2021
Segunda impressão: setembro de 2021
Terceira impressão: abril de 2025

Dados Internacionais de Catalogação na Publicação (CIP)
*Ficha catalográfica elaborada por Angélica Ilacqua CRB-8/7057*

---

C372p

Cevasco, Rithée
  Passo a passo: rumo a uma clínica borromeana: volume 1 de 3 / Rithée Cevasco com a colaboração de Jorge Chapuis. — 1. ed. — São Paulo: Aller, 2021.
  192 p.

  Bibliografia
  ISBN 978-65-87399-21-8
  Título original: *Paso a paso... hacia una clínica borromea. Volumen 1 de 3*

  1. Psicanálise  I. Título  II. Chapuis, Jorge

  21-1082                                                         CDD — 150.195
                                                                  CDU 159.964.2

---

Índice para catálogo sistemático
1. Psicanálise

Publicado com a devida autorização e com todos
os direitos reservados à Aller Editora.

Rua Havaí, 499 – Perdizes
05011-001 São Paulo S.P.
Tel: (11) 93015.0106
contato@allereditora.com.br
www.allereditora.com.br
Instagram: @allereditora

# Sumário

*Apresentação* 7
*Prefácio* 9

1 | A pré-história do nó RSI 15
2 | Da pré-história ao RSI 53
3 | O espaço do nó 83
4 | Lapsos e suplências 109
5 | Nomeações simbólicas, reais e imaginárias 131
6 | Variações: sintomas, inibições e angústias 153

*Cronologia* 181
*Referências bibliográficas* 185

# Apresentação

Apresento aqui as aulas ministradas no Fórum Psicanalítico Barcelona durante o primeiro trimestre de 2017. É a primeira das três partes que compõem o seminário Passo a Passo... Rumo a uma Clínica Borromeana ministrado no Fórum Psicanalítico Barcelona. Esta é uma segunda versão, revista e corrigida, da primeira, que apresentamos em dezembro de 2017. Trata-se do Volume 1: o primeiro dos três volumes que temos previsão de publicar consecutivamente para cobrir a totalidade do seminário.

O seminário leva o título de Passo a Passo... Rumo a uma Clínica Borromeana e é um percurso pelos seminários de J. Lacan desde ...*ou pior* — onde se encontra a primeira apresentação do nó borromeano — até o último.

Quero destacar que este seminário é uma introdução ao manejo da escrita borromeana, não sendo a obra de uma especialista em teoria topológica dos nós. Ele se apresenta, então, como o resultado de uma leitura "passo a passo" no manejo da escrita borromeana na qual J. Lacan nos inicia.

Vou apresentando, portanto, aquilo que me parece ser o "vocabulário" mínimo dos nós para que se possa ter acesso ao uso que J. Lacan faz deles. Convencida de que o recurso ao método dos nós borromeanos é uma novidade no ensino de J. Lacan — novidade que introduz um novo paradigma tanto da teoria como da clínica —, considero que o manejo da escrita dos nós é indispensável para que alguém se inicie nos avanços do referido período de seu ensino.

Jorge Chapuis foi um colaborador indispensável para o desenvolvimento deste seminário, ajudando na projeção dos nós e cobrindo, em diversas ocasiões, a parte da apresentação material deles. Ele se encarregou da terceira aula, que não pude ministrar; e, por fim, colaborou na confecção deste documento. Documento que é apresentado como um documento interno do Centro de Investigação Psicanálise & Sociedade, no âmbito das publicações S&P. *Last but not least...* quero ressaltar que, na elaboração destas primeiras aulas do seminário, me deixei guiar fundamentalmente por dois autores: Michel Bousseyroux, nosso colega, e Fabián Schejtman. O seminário continuará ao longo do primeiro semestre de 2018 e de 2019, para completar o plano proposto, tal como se encontra na folha de apresentação do seminário aqui apensa.

RITHÉE CEVASCO, junho de 2018

# Prefácio
*Sandra Berta*[1]

*Passo a passo... rumo a uma clínica borromeana (1)* registra o primeiro ano do seminário de Rithée Cevasco realizado no Fórum Psicanalítico de Barcelona, no ano de 2017. Seminário com estilo de ateliê, com esse efeito caleidoscópico que uma pesquisa em andamento deve ter. Portas de entrada, interrogantes, "pontos pacíficos" para avançar. Convidativo a escrever os nós e ao fazer com cordas para manipulá-las, não por puro prazer nesse exercício, mas para, em primeiro lugar, cingir as questões que levaram Lacan aos nós: questões da clínica psicanalítica, da transferência, do diagnóstico e do final de análise.

Nos encontros aqui reunidos, Rithée Cevasco nos oferece uma pontuação precisa dos momentos de virada de Lacan perante a pergunta clínica que estamos trabalhando com empenho no Campo Lacaniano. Cevasco não está sozinha nessa empreitada, conversa com Jorge Chapuis (psicanalista a cargo do terceiro encontro da série, sendo também seu ofício manipular os nós e acessar a leitura a partir das matemáticas), com os colegas que acompanham sua pesquisa e que participam com suas questões, e com autores que lhe aportaram o entendimento da questão borromeana, em particular Colette Soler, Michel Bousseyroux e Fabián Schetjman.

---

[1]Psicanalista, mestre e doutora em Psicologia Clínica pela Universidade de São Paulo (USP). É AME da Escola de Psicanálise dos Fóruns do Campo Lacaniano (EPFCL-Brasil), membra da EPFCL-Brasil e do Fórum do Campo Lacaniano de São Paulo (FCL-SP).

Rithée destaca momentos cruciais na segunda invenção de Lacan: o *nó borromeano*. Sucedem-se as apresentações do nó borromeano, os erros — que Lacan mesmo verifica — na escrita do nó e as consequências disso extraídas para avançar, quais sejam, a passagem do Nome-do--Pai para a função nomeante do pai, as diferenças entre sintoma-metáfora, sintoma-letra e *sinthoma*, dentre tantos outros, além das nomeações imaginária, simbólica e real.

Uma chave de leitura é a homologia que a autora faz entre "erros ortográficos" e "erros de escrita" que produzem "lapsos do nó", seja na proposta de Lacan, seja na clínica que, hoje, retoma a questão do diagnóstico em psicanálise.

Outra chave de leitura são os apontamentos precisos sobre as propostas de Lacan e seus axiomas: não há relação sexual, presente nas condições do borromeano, porque o dois está em equívoco (*deux* — *d'eux*), imaginarizando a relação possível, quando sabemos que a cardinalidade reza que 3 é 1. Há do Um que é 3 (RSI), borromeanizado por Lacan para tratamento do real como impossível, e que posteriormente será 4 (RSIΣ), diferenciando cada um, destarte, para que o *parlêtre* tenha uma bússola que lhe permita se fazer, endereçar, responder as questões que dizem respeito ao gozo, ao desejo, aos afetos, ao amor...

Finalmente, o fato da autora se deter na "opção" de Lacan na escrita do nó — referida ao empilhamento da escrita dos três registros, que poderá dar lugar às diferentes nomeações (sintoma, inibição e angústia), marcando a diferença com o "nó de Freud" — indica a abordagem detalhada da leitura oferecida. Isso porque dessa diferença se retiram consequências para o entendimento de uma clínica que prioriza o simbólico ou uma clínica que se sustenta na pergunta pelo gozo do *parlêtre*, modo de tratamento do real. Certamente, isso determina o entendimento sobre o final da cura, tema que é debatido em diferentes ocasiões neste seminário. Destaco, então, o que se sublinha sobre a "opção" de Lacan aí onde, do seu erro de escrita, extrai consequências para sua invenção... Pergunta Rithée: "antecipação, diríamos, inconsciente, do que depois aparecerá como uma opção decidida?" É esse estilo na transmissão das suas questões que faz com que seu seminário tenha o ritmo que convida a voltar ao que já foi elaborado. Para ler este livro, é preciso ter lido-ler-voltar a ler Lacan. Porque se temos essas leituras presentes, o "efeito surpresa" de algumas afirmações de Rithée, produto de seu percurso, dá valor à pesquisa à qual se propôs, continuando no ano de 2018 e seguindo seu curso neste ano de 2019. Pensar a psicanálise com Freud e Lacan e cingir as diferenças das propostas assinalam o valor decisivo da revisão permanente da *práxis* da teoria que a clínica psicanalítica exige de cada psicanalista: trata-se disso se pretendemos continuar os debates sobre *paradigma clínico ampliado*.

Concluo este prefácio a apenas uma semana do III Simpósio Interamericano da Internacional dos Fóruns, a ser realizado em Pereira, Colômbia, e cujo tema é "Clínica psicanalítica, estrutural, da sexuação, borromeana". Modo de dizer que seguirei conversando com minha querida colega Rithée Cevasco, contente pelas boas surpresas e pelas chaves de leitura que encontrei.

São Paulo, 11 de julho de 2019.

# SEMINARIO 2017

Este seminario tendrá lugar con el acuerdo de la Junta Directiva del Foro Psicoanalítco de Barcelona en su sede de la calle Aribau.

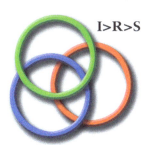

I>R>S

## *Hacia una clínica borromea, paso a paso...*

seminario de **Rithée Cevasco** AME de la EPFCL

INICIO > lunes **13 marzo** 2017 a las 20:30

Ponemos el acento sobre el «paso a paso...», o sea empezar por el comienzo, por ese momento registrado en el *Seminario 19 ...ou pire*, cuando Lacan se encuentra" con el nudo borromeo, para llegar hasta donde podamos, dirigiéndonos hacia el último seminario de Lacan.

No se trata de un curso sobre «topología», sino de ir examinando el uso que Lacan hace de los nudos borromeos y de otros nudos. Ese uso va cambiando, corrigiéndose, Lacan comete errores en la escritura de los nudos que lo conducen a nuevos abordajes.

Prestaremos una especial atención a la manera en que Lacan avanza referencias a la clínica, por ejemplo a la concepción del síntoma: síntoma metáfora, síntoma-letra, SINTHOME como función de anudamiento y nominación.

Abordar la nominación nos conducirá a la revisión de la clásica tríada: inhibición, síntoma y angustia, y al nuevo tratamiento de Lacan del Nombre del Padre y del sexo como «corte».

Intentaremos prestar una particular atención a las consecuencias del «método» borromeo en lo que concierne al desarrollo de la cura (inicio, desarrollo y final de análisis) y en consecuencia a la interpretación que encuentra su fundamento en la noción de «corte».

El trayecto de este seminario buscará su soporte en los textos de Lacan. Contamos además con la ayuda de algunos trabajos de referencia de colegas psicoanalistas que han trabajado muy particularmente sobre el «método» borromeo y sus incidencias en la clínica. En primer lugar, los tres libros de nuestro colega M. Bouysseroux

— *Au risque de la topologie et de la poésie. Elargir la psychanalyse*, Erès, Toulouse, 2011 (en curso de traducción y publicación en Pliegues)

— *Lacan el borromeo. Ahondar en el nudo*, S&P ediciones, Barcelona, 2016 (Toulouse, 2014). Esta versión en castellano cuenta con una presentación de Colette Soler. Además este libro es objeto de un grupo de trabajo que se ha constituido en el Centro de Investigación: Psicoanálisis y Sociedad.

— *Penser la psychanalyse, Marcher droit sur un cheveux*. Erès, Toulouse, 2016.

Acompañaremos estas referencias otros artículos y el libro de Fabián Schejtman

— *Sinthome. Ensayos de clínica psicoanalítica nodal*, Grama, Argentina, 2013.

Las referencias bibliográficas se irán ampliando sin duda en nuestra andadura «paso a paso...».

Contaremos con la presencia de Jorge Chapuis para prestar una especial vigilancia sobre la escritura y manipulación de los nudos.

*siguientes fechas previstas*
lunes **27 marzo** 2017 a las 20:30 / viernes **28 abril** 2017 a las 20:30
lunes **15 mayo** 2017 a las 20:30 / lunes **29 mayo** 2017 a las 20:30
lunes **26 junio** 2017 a las 20:30

Comisión directiva del FPB Ana Martínez, Jaky Ariztia, Montse Ruiz

Actividades en el local de FPB-EPFCL / ACCEP, abiertas a todo público.
**EPFCL-FPB** – Aribau 127, principal 1°, 08036 Barcelona
Tel. **934 108 317** Secretaría > lunes a jueves, 12:00 a 14:00 y 19:00 a 21:00

# 1 | A pré-história do nó RSI

*13 de março de 2017*

Comunico o programa que vamos desenvolver. Ele vai nos custar o tempo que for preciso — com certeza, mais do que as seis primeiras intervenções previstas. Calculo umas 18 intervenções. Como propus, iremos "passo a passo..."; não penso em me apressar além da conta...

Dividi este "programa" em três partes.

Chamei a primeira parte do seminário de *A pré-história do nó RSI*. Ela começa em **9 de fevereiro de 1972** e termina em **13 de novembro de 1973**, com uma aula do seminário 21, *Les non-dupes errent*. Estende-se, então, por quase dois anos. No princípio, Lacan não aplica o método dos nós diretamente aos três registros, RSI. Ele o aplica, num primeiro momento, à cadeia significante.

Nessa primeira parte, veremos que neurose e psicose estão numa relação inversa àquela como serão tratadas posteriormente, quando o nó se referir às três dimensões de R, S, I.

Essa primeira parte remete a três seminários: *...ou pior* (S19); *Mais, ainda* (S20); e, principalmente, a duas aulas de *Les non-dupes errent* (S21).

A segunda parte fica por conta do giro que Lacan realiza em **13 de novembro de 1973**. Em *Les non-dupes errent* (S21) — e isso é algo que citaremos com frequência —, Lacan retifica o que chama de um erro seu em "Função e campo da fala e da linguagem": não há, no Inconsciente (Ics), cadeia de significantes. No Ics os significantes não estão encadeados. Nós veremos a citação correspondente no momento oportuno.

A PRÉ-HISTÓRIA DO NÓ RSI | 15

Lacan associa o nó com os três registros; o nó já não é uma metáfora, é real. O nó é "real". Ele trata de problemas da clínica: distingue Angústia, Sintoma e Inibição; Nome-do-Pai como função de nomeação — o qual se distingue, por sua vez, do pai da metáfora paterna. Neste período, introduz a modificação clássica do sintoma e escreve *"sinthome"* — em castelhano, *"sinthoma"*[1], com *h*. A reconsideração do sintoma nos leva a diferenciar entre sintoma-metáfora, sintoma-letra e *sinthoma* — noção que ele constrói a partir do caso de Joyce, no seminário *O sinthoma* (S23).

Nessa segunda parte, traçaremos o percurso de Lacan, passando do nó com três cordas ao nó com quatro, seguindo essa operação em *RSI* (S22) e no *O sinthoma* (S23).

A última parte procurará fazer um percurso do seminário *O sinthoma* (S23) até *A topologia e o tempo*. É em *A topologia e o tempo* que ele apresenta uma inovação a partir de uma proposição de M. Vappereau: o chamado "nó borromeano generalizado". Por ora, basta assinalar que o importante é que esse nó permite passar — por meio de uma operação chamada "homotopia" — de um nó com quatro elos a um nó com três. Ele permite, assim, retornar a um nó com três, do qual Lacan partiu no início do seu encontro com o nó borromeano. Esse Nó Borromeano Generalizado é o suporte sobre o qual talvez pudéssemos nos interrogar a respeito de qual é o nó do final da análise. Esse nó é a escrita de um corte, e obtém-se ao colocar em continuidade duas das quatro consistências do nó com quatro — o nó *"pépère"* (o nó conforme, o nó cômodo), como Lacan o chama —: as cordas que correspondem ao sintoma e ao real. Mediante essa colocação em continuidade, passa-se de um nó com quatro a um nó com três... mas nós veremos que já não é o mesmo nó com três do qual Lacan havia partido em ...*ou pior* (S19). Trata--se de um novo enodamento, um enodamento que pode se

---
[1]Nota da editora: Em português, opta-se também por essa escrita.

16 | Passo a passo... *rumo a uma clínica borromeana*

realizar a partir da propriedade da homotopia — regra de escrita de um corte. Chegaremos até esse ponto... depois de um longo percurso.

Esses são, apresentados de maneira muito geral, os passos que nós vamos seguir.

■ ■ ■ ■ ■

Comecemos, então.

Na realidade, este seminário — que apresentei como sendo um seminário sobre "clínica borromeana" — é, antes mesmo, um programa de investigação. Não podemos dizer, ao que me parece, que disponhamos de uma clínica borromeana desenvolvida. Lacan só desenvolveu a análise exaustiva de um caso: o caso de Joyce.

Nos trabalhos de Michel Bousseyroux (cf. os três textos dele nas referências bibliográficas), encontramos, para além disso, várias "aplicações": a Dalí, a Gödel, ao Homem dos Lobos e a outros mais.

Falando em clínica... frequentemente se ouve dizer: "os nós não me interessam, se não há aplicação clínica". Ou seja, colocar "clínica borromeana" no título do meu seminário é uma aposta. É lógico interessar-se pela clínica, pois estamos todos concernidos pela pergunta: o que devo fazer? E a pergunta nos interpela. Mas a clínica se constrói; ela não é o resultado de uma experiência direta, de um simples empirismo. Uma clínica é uma construção que sempre implica uma orientação epistêmica (elucidada ou não). A clínica que está orientada pela teoria kleiniana e a clínica orientada por Lacan não são a mesma, por mais que o dispositivo da experiência se assemelhe: associação livre, atenção flutuante, interpretação, dispositivo do divã etc. Por isso a psicanálise não é una...

Por outro lado, a clínica dos nós borromeanos não desconstrói a clínica anterior — por exemplo, a divisão clássica que distingue entre neurose, psicose e perversão a partir da posição do sujeito em relação à castração (recalque, forclusão, renegação). Não se rejeita essa clínica, mas a clínica borromeana amplia as possibilidades do tratamento das categorias clínicas com outros paradigmas... e isso não deixa de ter consequências bem importantes. Podemos, por exemplo, citar rapidamente o que é introduzido, na direção do tratamento, pelo deslocamento do uso normativo do Édipo, formalizado por Lacan com a metáfora paterna. Em algum momento voltaremos a essa questão. Mas vale a pena recomendar a leitura, entre outras, do livro *Lacan, leitor de Joyce*, de Colette Soler[2] — e, no que concerne a esse ponto, cf. o capítulo "Conclusão", em particular.

O desenvolvimento da clínica borromeana trabalhou mais particularmente com as psicoses do que com a neurose... ainda que não exclusivamente. Quanto ao nó generalizado, que M. Vappereau chama de "nó da perversão", não se trata — será preciso verificar — da perversão entendida no sentido clássico da tríade estrutural, mas da *père-version*, da pai-versão generalizada.

Uma vez aplicado o método borromeano à psicose, delinearam-se certas categorias clínicas. Por ora, só as mencionamos brevemente:

- A **esquizofrenia**: enlace do S e do R e liberdade do I;
- A **mania**: enlace (logo veremos o que quer dizer essa noção de "enlace") entre S e I;
- A **melancolia**: enlace entre R e I;
- A **enfermidade da mentalidade**[3]: enlace entre I e S (é diferente da mania?);
- A **paranoia** (identificada com a personalidade) como nó de trevo.

---

[2]SOLER, C. *Lacan, leitor de Joyce*. Trad. C. Oliveira. São Paulo: Aller, 2018.
[3]Nota do tradutor: Expressão utilizada por Lacan em 9 de abril de 1976 (Caso Brigitte). Cf. LACAN, J. (1975-1976) *8 presentaciones de enfermos en Sainte-Anne*. Federación de Foros del Campo Lacaniano (FFCL-España F7). Dis-ponível em: <www.valas.fr/Jacques-Lacan-8-presentations-cliniques-a-Sainte-Anne,238>.

Para as neuroses — no que se refere à histeria, à obsessão e à fobia —, é uma clínica que está, por assim dizer, em incubação.

Uma das referências que dei, o livro de Fabián Schejtman, me foi particularmente útil. Junto dele, os três textos de M. Bousseyroux, sem os quais não teria me atrevido a ministrar este seminário. Veremos que Schejtman não segue totalmente os mesmos caminhos que Bousseyroux... e ele nos traz, portanto, uma outra perspectiva sobre os nós — tentando, inclusive, formular elaborações que não foram feitas por Lacan.

Parece-me, além disso, que resta elaborar o que seria o uso do método borromeano na diacronia do tratamento: entrada, momentos cruciais, interrupções... e conclusão do tratamento.

Lacan não produziu para os nós um texto equivalente ao "O aturdito", texto no qual traça o trajeto temporal de um tratamento a partir da topologia das superfícies. Entretanto, em última instância, o nosso objetivo é colocar o nó a serviço da psicanálise, e não o contrário. É o que acontece com muitos especialistas nos nós, que não podemos deixar de respeitar, mas que nem sempre têm sucesso, por assim dizer, em retornar à "cidade" da psicanálise — como se expressa F. Schejtman. O método (expressão cunhada por M. Bousseyroux) dos nós vai se desdobrando sobre o fundo de modificações conceituais importantes a partir dos anos 1970. Mencionemos algumas:

- do Ics estruturado como uma linguagem à noção do Ics-*lalíngua*;
- as três variantes do sintoma (considerado como metáfora, como letra, como função de gozo) e a invenção propriamente borromeana do *sinthoma*, com "h" (como função de enodamento de RSI);
- a modificação de escrita entre sintoma e *sinthoma* não é uma simples modificação ortográfica: ela implica a

distinção entre o sintoma como função de gozo e o *sinthoma* como função de enodamento, de nomeação.

Função sustentada num dizer (e não nos ditos);
- quanto à principal referência à função do pai, ela vai além da sua pluralização anunciada no seminário do qual Lacan ministrou apenas uma aula (publicada como *Os nomes do pai*). Ela se desdobra desde o Nome-do-Pai — enquanto função simbólica como Outro do Outro com a metáfora paterna — ao pai que nomeia, ao pai como função de nomeação — e, veremos, ao pai considerado, por fim, como um *sinthoma* entre outros possíveis;
- veremos aparecer uma notável sugestão de Lacan para distinguir entre a função de nomeação como enodamento entre as três dimensões RSI e o "nomear para, ou nomear a", que talvez possa se caracterizar como forma dominante na atualidade. Tema a ser investigado, sem dúvida...;
- quanto à distinção clássica, por assim dizer, da tríade "sintoma, angústia e inibição", nós a veremos adquirir a dignidade de uma função de enodamento, respectivamente, simbólica, real e imaginária.

Com isso, vocês podem ver que a abordagem dos nós não deixa de ter, com efeito, os seus correlatos com a clínica.

Insisto em que este seminário vai requerer paciência... e requer, além do mais, certa regularidade. É um programa conduzido por Lacan desde ...*ou pior* (S19) até a sua morte, em 1981. Quase dez anos, então: período durante o qual Lacan se encontra capturado, apanhado, fascinado — ou como queiram dizer — pelos nós.

■ ■ ■ ■ ■

Iremos, portanto, desde o seminário ...*ou pior* (S19) até *A topologia e o tempo*. O problema é que muitos não estão traduzidos para o castelhano. Parece que Jacques-Alain Miller reunirá numa só publicação os seminários cujo estabelecimento "oficial" ainda não está pronto para uma publicação. De todo modo, em francês dispomos das versões ALI ou AFI (Associação Lacaniana Internacional), que se encontram na Internet. Ali estão todos os seminários e são versões bem completas. Também podem ser comprados junto à AFI, em Paris. Para os que não leem francês, é mais complicado... Pode ser que existam traduções para o castelhano que circulem por meios diversos, mas eu, particularmente, não posso afiançá-las, pois desconheço que sejam traduções adequadas. Terão de ver caso a caso, então; e caso encontrem versões legíveis, seria bom que elas pudessem ser incluídas na bibliografia deste seminário — de modo que agradeceria que me informassem a respeito da existência delas.

Lembro, uma vez mais, que demos como referência bibliográfica de base os três livros de M. Bousseyroux, colega nosso dos fóruns, e o livro de F. Schejtman, um colega analista da EOL[4] (escola argentina da AMP[5]).

■ ■ ■ ■ ■

M. Bousseyroux nos lembra que, em **16 de dezembro de 1975**, Lacan afirma que "seria necessário que tivéssemos, na análise, [...] o sentimento de um risco absoluto"[6] e nomeia um de seus livros como *Au risque da topologie et de la poésie. Élargir la psychanalyse*, "Correndo o risco da topologia e da poesia"... Correrei, então, o risco da topologia. Correndo esse risco, situo-me nos

---
[4]Nota do tradutor: Escuela de la Orientación Lacaniana.
[5]Nota do tradutor: Associação Mundial de Psicanálise.
[6]Nota do tradutor: LACAN, J. (1975-1976). *O seminário, livro 23: o sinthoma*. Tradução de Sérgio Laia. Rio de Janeiro: Zahar, 2007, p. 44, aula de 16 de dezembro de 1975.

passos já iniciados, com outros colegas, em seminários ministrados anteriormente aqui mesmo, em nosso FPB: em particular, o seminário sobre LITURATERRA e o seminário sobre LALÍNGUA. Para que serve a topologia? — interroga-se M. Bousseyroux. Serve para a exploração dos diferentes furos. Porque há furos e furos. Há os verdadeiros e os falsos. A saber: o furo do objeto, o do sintoma, o da fantasia, o dos diferentes gozos etc. Esses furos podem situar, no nó, os pontos de *coinçage*, de travamento; pontos onde nós — todos *parlêtre(s)*, falasseres... — emperramos.

A topologia, para Lacan, está intimamente vinculada com a prática analítica; ela não é um mero jogo de formalização. Com efeito, trata-se de dar conta de como a psicanálise, que opera unicamente com a palavra, pode chegar a produzir efeitos no real.

É algo que não era tão evidente nos primeiros anos do ensino de Lacan, quando o real ou ficava fora da experiência, do real da natureza... ou ficava no domínio do impensável. Agora se trata de discernir como é que, através de uma prática que só opera com a palavra, "toca-se" o real... nem que sejam fiapos do real. Tocar o real... como a ciência? — embora a psicanálise não seja uma ciência... e seu tratamento do real não seja o tratamento do real pela ciência.

Desde *Mais, ainda* (S20), Lacan rejeita que o *"truc"* (o truque?) analítico seja matemático. Ele não será matemático no sentido do matema, em todo caso. Porém, apesar disso, a teoria dos nós é uma ramo da matemática. Insiste-se, pois, no fato de que a abordagem do real necessita de uma prática — para dizer rapidamente — da letra fora de sentido. Lacan não quer que o nó seja uma metáfora; ele o considera um real. Voltaremos a esse ponto.

Citemos umas palavras de M. Bousseyroux: "ampliar a psicanálise consiste, pois, antes de mais nada, em livrá-la do sentido; e, por conseguinte, da religião (do sentido)".

Vamos começar com o itinerário dos nós. Prestaremos uma atenção especial a ir datando os passos desse passo a passo. Por isso elaboramos uma listagem cronológica que pode ser consultada em "Cronologia", p. 181.

Como já disse, esta primeira parte — que intitulei A PRÉ-HISTÓRIA DO NÓ BORROMEANO RSI — situa-se entre duas datas fundamentais: **9 de fevereiro de 1972** e **13 de novembro de 1973**, quando Lacan associa o nó borromeano com as três diz-menções R, S e I.

O dia **9 de fevereiro de 1972** marca a data do encontro de Lacan com o nó. Lacan se encontra com o nó; é a primeira vez que ele fala do nó... borromeano.

Não se deve esquecer que vamos *passo a passo*...[7] O próprio Lacan avança "passo a passo"... É um período em que ele já não diz como antes: "não procuro, acho" — como dizia Picasso. Agora ele procura, investiga, explora, se embaralha, comete erros — e logo veremos quanto benefício ele obtém deles. Um desses erros se encontra já no capítulo 10 do seminário 20, *Mais, ainda*. Trata-se da *Figura 6*, do capítulo 10, que vocês encontram nas fotocópias que coloquei para circular.

Ela está no capítulo 10, quando Lacan começa a trabalhar com os nós, ainda que já tivesse feito menção a isso em *...ou pior* (S19). A *Figura 6* (p. 151 da edição em castelhano[8]) é um nó de 13 anéis; Lacan diz que é borromeano, e é um erro... R. Thomé aponta o erro no seminário seguinte, *Les non-dupes...* (S21), e isso vai levá-lo a nomear esse nó não borromeano como "nó thomeano". Outro erro, como

---

[7]Cf. citação em LACAN, J. (1975-1976) *O seminário, livro 23: o sinthoma*. Trad. S. Laia. Rio de Janeiro: Editora Zahar, 2007, p. 28, aula de 9 de dezembro de 1975.
[8]Nota do tradutor: Na tradução publicada pela Zahar, p. 170.

veremos, se produz quando Lacan se equivoca ao tornar a escrever o seu "nó freudiano", em *RSI* (S22).
Dois erros dos quais Lacan vai tirar todo proveito. O erro, quando se examina as suas consequências, ensina! Em ...*ou pior* (S19) — primeiro seminário em que Lacan menciona o nó —, Lacan afirma o seu "Há um", "Há do Um"... e afirma que cada elo representa um Um. Aí está, então, o Um como elo (em teoria dos nós, isso já é um nó... e se chama nó trivial, formado por um só elo).

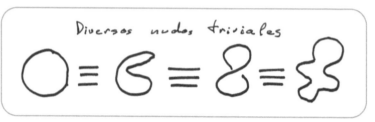

**Figura 1.1:** Nó trivial = um elo

Esse nó trivial é um nó (levem em conta que há nós borromeanos e não borromeanos).
Essa é a forma mais simples de nó. Se faço três elos, digo que cada um é um e que eles são equivalentes entre si.

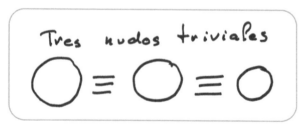

**Figura 1.2:** Três nós triviais equivalentes entre si

Citamos alguns elementos que Lacan adjudica aos nós e que, pouco a pouco, encontrarão os seus usos.
Cada elo (nó trivial) dispõe do que se caracteriza como uma consistência, um furo e uma existência.

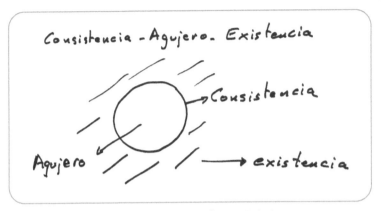

**Figura 1.3:** Consistência, furo e existência

Observem que, por ora, ainda não recorremos a nenhuma referência às dimensões R, S e I. Não vamos colocar letra nos elos, também não vamos colorir.

Convém também situar — pois Lacan vai fazer muito uso dela — o que ele chama de *Reta Infinita*.

A Reta Infinita é considerada um nó trivial que se fecha no infinito:

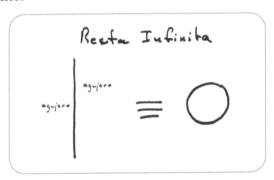

**Figura 1.4:** A Reta Infinita = elo

Vocês também encontrarão nós feitos com Retas Infinitas. Uma Reta Infinita (RI) é, portanto, um nó; um nó que não é evidente ao nosso senso comum. É preciso que postulemos que as extremidades de uma RI se unem no infinito.

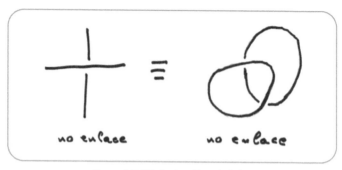

**Figura 1.5:** Nó de duas Retas Infinitas

Se, na figura anterior, RI-1 se fecha por trás e RI-2 se fecha pela frente, não há enlace; no caso contrário, elas ficariam enlaçadas. A R. Infinita (cf. referência a Desargues[9]) escreve o furo real; um furo que não tem nada, no qual não pensamos porque estamos dentro dele. O furo é o que está em torno da R. Infinita.

A ruptura de um elo não rompe o nó, se fizermos dessa ruptura uma RI. Lacan utiliza Retas Infinitas, por exemplo, no nó de Joyce apresentado ao final do seminário *O sinthoma* (S23), que é diferente do nó não borromeano apresentado via "reparação" pelo ego, o ego corretor.

Vamos dando, aos poucos, os elementos de base da escrita dos nós... não de maneira exaustiva...

Em ...*ou pior* (S19) — uma vez que Lacan considera que o nó trivial representa o Um —, Um e Um e Um são equivalentes entre si e diferenciam-se pelo fato de que cada um é o Um que é. E nada mais.

Como os $S_1$ de *lalíngua*... podemos, sem dúvida, afirmar.

Há o Um. Mais do que isso: só há Um ($S_1$), e não há Outro — o que dá fundamento à impossibilidade de escrever "a relação/proporção sexual"...

---

[9] Nota do tradutor: Girard Desargues (1591-1661), matemático e arquiteto francês. Cf. referência em LACAN, J. (1975-1976) *O seminário, livro 23: o sinthoma.* Trad. S. Laia. Rio de Janeiro: Editora Zahar, 2007, p. 110, aula de 9 de março de 1976.

Lacan "se encontra com o nó", conforme ele mesmo narra. Esse encontro com o nó que "lhe cai como um anel no dedo" e se produz num contexto de elaboração teórica muito particular.

Situemos um pouco o contexto do seminário 19, ...*ou pior*, em que são múltiplas as referências à lógica e à matemática. Lacan pretende se desprender de toda ontologia do ser, o que o leva a uma leitura detalhada do *Parmênides* de Platão. Isso para afirmar que o "há (o) Um" inscreve-se sobre a impossibilidade do dois. Há o Um e não há Outro. Impossibilidade do dois que, nesse seminário, Lacan remete tanto a Gödel quanto à problemática dos ordinais dos números infinitos, para ilustrar a "inacessibilidade do dois".

Lacan trata disso em muitas ocasiões, para exemplificar o seu "não há relação/proporção sexual que possa se escrever" — cf. os últimos capítulos de ...*ou pior* (S19). Não vou me delongar nessa questão, que já mencionei em muitas outras intervenções.

O que vem no lugar do "não há" da proporção/relação sexual (enunciada claramente desde 1967, no seminário 16, *De um Outro ao outro*)? Na negatividade da estrutura, no lugar do "não há", vem algo da ordem do positivo; algo que finalmente dará importância a muitas coisas, não só ao sintoma. A saber, por assim dizer, a suplência da fantasia, a suplência do amor... a da angústia, a da inibição, a do sintoma...

A "realidade sexual" está estruturada em torno de um furo. E desse furo, por assim dizer, surgem uma multiplicidade de manifestações que têm um correlato clínico claro; desse furo saem, cuspidos, uma diversidade de nomes.

Na linguagem dos nós, confrontamo-nos com uma espécie de "cirurgia". Falaremos em "lapso" (falha de enodamento borromeano) do nó e daquilo que eventualmente o corrige... lapso e suplência... lapsos e correções etc.

Lacan menciona que, na noite anterior a **9 de fevereiro de 1972**, é que se dá o seu encontro, totalmente por acaso, com o nó borromeano (...*ou pior*, S19, p. 88). Que isso aconteça por acaso ilustra suficientemente que não é algo que vinha sendo construído previamente em seu ensino. Sem esse acaso, ele teria se poupado desses dez anos de elaboração borromeana? Pode ser... mas, sem dúvida, teria "inventado" outra coisa!

Lacan diz ter se encontrado com uma pessoa encantadora (uma mulher!) que "assiste aos cursos do Sr. Guilbaud", que ensinava matemática na École des Hautes Études en Sciences Sociales, na Maison de Sciences de l'Homme, n° 54 da rua Raspail, em Paris VI. Ela lhe mostra esse nó que, conforme diz Lacan — expressão que ele vai repetir em muitas ocasiões —, lhe cai "como um anel no dedo"... nó que corresponde ao escudo de armas dos Borromeu.

Ele o encontra quando está procurando formalizar, recorrendo à geometria (à forma da tétrade), a frase: "te demando (te peço, te solicito) que recuses o que te ofereço porque não é isso". Temos aí uma articulação de três verbos (demanda, recusa, oferta) e esse "não é isso" — que nos remete, sem dúvida, ao objeto *a*. Em *Mais, ainda* (S20, p. 170) ele vai nos lembrar o que disse em ...*ou pior* (S19). Ele nos evoca que fez com que o nó borromeano interviesse

> [...] para traduzir a fórmula *eu te peço* — o quê? — *que recuses* — o quê? — *o que te ofereço* — por quê? — *porque não é isso*, os senhores sabem o que é: é o objeto *a*. O objeto *a* não é nenhum ser. O objeto *a* é aquilo que uma demanda supõe... que ela supõe de vazio; e é só situando-a pela metonímia — quer dizer, pela pura continuidade garantida do começo ao fim da frase —, que podemos imaginar o que pode ser um desejo que nenhum ser suporta. Um

desejo sem outra substância além daquela que se garante pelos próprios nós.

Como negar que estamos diante de uma apreensão bem nítida da insubstancialidade do *a*...? Para que fique claro que o objeto do desejo — o que "não é isso" — remete claramente às quatro formas episódicas dos objetos da pulsão. Continuemos um pouco mais com a citação de *Mais, ainda* (S20, p. 171):

> *Não é isso* quer dizer que, no desejo de toda demanda, só há a requerência do objeto *a*, do objeto que viria satisfazer o gozo, o qual seria então a *Lustbefriedigung* suposta no que se chama, impropriamente, no discurso psicanalítico, de "pulsão genital" — aquela em que se inscreveria uma relação que seria a relação plena, inscritível, de um com o que resta irredutivelmente Outro. Eu insisti no seguinte: que o parceiro desse *Eu* que é o sujeito, sujeito de qualquer frase de demanda, é, não o Outro, mas o que vem a substituí-lo na forma da causa do desejo — que diversifiquei em quatro, no que ela se constitui diversamente, segundo a descoberta freudiana, em objeto da sucção, objeto da excreção, o olhar e a voz. É enquanto substitutos do Outro que esses objetos são reclamados e se fazem causa do desejo.

Permito-me essa longa citação porque ela condensa, no meu entender, o substrato do que vem no lugar da "proporção/relação sexual", que não existe...

Essa frase (te peço que recuses...) condensa o principal do que está em jogo nas palavras do analisante. Três verbos que remetem ao objeto *a* e enfatizam o "não é isso", o *a* da demanda que nada poderá saciar. Ele encontra para o *a*, então, um outro lugar que não aquele que lhe havia atribuído nos dispositivos do espelho: ou como "causa de desejo", no seminário 10, *A angústia*; ou como mais-de-gozar, no seminário 17: *O avesso da psicanálise*.

Quando Lacan trabalha com os nós, ele sempre fica com receio de se equivocar, de errar, de se embaralhar... e não seremos nós que ficaremos inibidos ao nos equivocar e ao nos embaralhar. É preciso passar por isso no uso dos nós! O primeiro nó borromeano é feito de um jeito muito simples: faz-se um elo e, então, outro embaixo; em seguida, desenhamos um terceiro que passará por cima do que está em cima e por baixo do que ficou por baixo. E pronto:

**Figura 1.6:** Nó borromeano

A propriedade borromeana consiste no seguinte:

- quando se corta um elo, os três se desatam;
- não há enlace dois a dois (nenhum elo passa pelo furo do outro). Digamos que "não há relação dois a dois". Todo o seminário ...*ou pior* (S19) se dedica a demonstrar que só "há (o) Um", e que não se pode escrever o dois. Não há um dois que seja o Outro do Um.

Não anotamos nem as letras R, S e I, nem 1, 2, 3... também não fizemos colorido. Não os diferenciamos, então. Não os nomeamos, apenas os enodamos. Uma vez construído o nó, ao cortar um — seja ele qual for —, o nó se desfaz: essa é, como se sabe, a propriedade do "borromeano".

Essa é a escrita do nó mais conhecida, mas podemos escrevê-lo de outras formas. É o que Lacan faz em *Mais, ainda* (S20), apresentando-o deste outro modo:

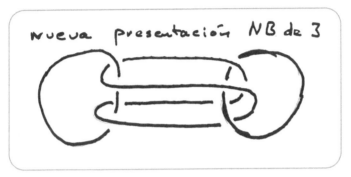

**Figura 1.6 bis:** Nó borromeano em que se destaca o elo do meio

Além dessa forma, J. Chapuis apresenta outras formas do nó com três (cf. aula 3, p. 93). Podemos apresentá-lo, confeccioná-lo, construí-lo, o que permitirá uma "manipulação" no espaço.

Lacan trabalha muito com a escrita do nó, com aquilo que chamamos de "aplanamento" (*la misse à plat*) do nó... mas, sem dúvida, ele não deixou de manipulá-los em seu consultório, como os seus pacientes dessa época testemunham.

Primeira lição, então: já aprendemos a escrever um nó borromeano, a diferenciá-lo de outros tipos de nó (nó trivial, nó de enlace entre dois triviais), e vocês também podem construí-lo materialmente.

É o que é preciso fazer: exercitar-se em seu "manejo" — seja no espaço, seja como escrita.

Nessa mesma aula de ...*ou pior* (S19), ele fala em *nós olímpicos*. A logomarca dos Jogos Olímpicos é um nó de cinco elos enlaçados, cada um com o seguinte. Ela não dispõe da propriedade borromeana: qualquer um dos elos que se rompa, os outros permanecem enlaçados.

Figura 1.7: Nó olímpico de cinco anéis

Veremos que, nessa primeira parte do nosso programa, a referência a esses nós olímpicos ocupa um lugar fundamental, pois Lacan vai atribuí-los à neurose.

Vejamos outros nós olímpicos — com três argolas, desta vez, mas enlaçados diferentemente —:

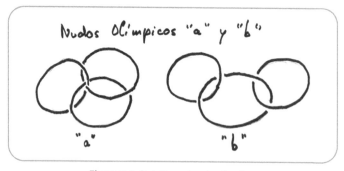

Figura 1.8: Dois tipos de nós olímpicos

No caso de "*b*", caso se rompa o anel do meio, o nó se desfaz, mas nem por isso ele dispõe da propriedade borromeana — visto que, com efeito, se um dos extremos se rompe, os outros dois permanecem enlaçados.

Nessa época da "pré-história do nó RSI", Lacan toma o nó olímpico como nó de referência para a neurose. Em contrapartida, considera que a psicose está estruturada como um nó borromeano — o contrário do que ele irá dizer mais tarde, quando já estiver operando com o nó borromeano como enodamento entre R, S e I. Voltarei a isso.

■ ■ ■ ■ ■

Nessa etapa das suas elaborações, Lacan fala do nó como uma metáfora; uma metáfora do ser falante, do *parlêtre* (*falasser*). *Parlêtre* evoca, em francês, a fala e a letra; e também pode ser ouvida como "pelo ser" (*par l'être*) ou "pela letra" (*par [la] lettre*)... Ele se distingue do sujeito do inconsciente ($), definido a partir da sua representação pelos significantes. Trata-se do *parlêtre* em todas as suas dimensões R, S, I... Parece que nessa época Lacan também denomina com o termo *parlêtre* o próprio Ics...

Nessa "pré-história" do nó, ele fala dele como sendo uma metáfora. Mais para frente, retifica e afirma que o nó não é uma metáfora... o nó é "real". A metáfora está no plano da linguagem e do sentido. No dizer, que não é uma metáfora, Lacan opera o deslocamento necessário para abordar o real — recordemos: o real definido como fora de sentido e, portanto, fora dos efeitos metafóricos.

Com o nó, Lacan tenta, então, escrever algo fora do campo; fora da "*erre*"; fora da área, da metáfora...

Se ele consegue ou não, é assunto de debate.

Lacan continua com os seus avanços. Em *...ou pior* (S19), ele nos aponta que o nó se aplica à cadeia significante, e nos lembra: trata-se de "uma coisa que realmente tem seu interesse, pois é preciso lembrar que, quando falei de cadeia significante, sempre impliquei essa concatenação"[10]. Prestem atenção nisso, porque é justamente o que ele vai desconstruir quando disser que no Ics os significantes

---

[10]Nota do tradutor: LACAN, J. (1971-1972) *O seminário, livro 19: ...ou pior*. Trad. V. Ribeiro. Rio de Janeiro: Editora Zahar, 2012, p. 89, aula de 9 de fevereiro de 1972.

não se encadeiam. Por ora, ele só se refere ao Ics em termos de cadeia — digamos, àquilo que chamaríamos, depois dos avanços de C. Soler, de Ics-linguagem, e não de Ics-real.

▪ ▪ ▪ ▪ ▪

Vejamos agora como ele avança em *Mais, ainda* (S20). O capítulo 10, ponto 2 — que, na versão de J.-A. Miller, leva o nome de "Rodinhas de barbante" —, corresponde à aula de **15 de maio de 1973** e se complementa com as "respostas" de Lacan (**22 de outubro de 1973**) às perguntas que J.-A. Miller lhe formula ao estabelecer o texto.

Lacan retoma, em parte, a análise da escrita (iniciada no seminário 18, *De um discurso que não fosse do semblante*). Ele fala da escrita enquanto "rastro onde se lê um efeito de linguagem" e que é uma via de tratamento do real. Que ela seja rastro, efeito de linguagem, não se confunde com uma metalinguagem. A noção de "letra" nos traduz o Um, visto que a Letra, diferentemente do significante, é idêntica a si mesma. O significante, em contrapartida, sempre é diferencial. Vocês podem ler o livro cativante de L. Frucella, publicado pela S&P, com o título sugestivo de *El corazón de la letra*.

Primeiro Lacan diz que vai fazer um esboço. Quando se esboça, se o faz sobre uma página e traçando linhas — e assim Lacan nos introduz a uma primeira aproximação das dimensões. E ele começa com um esclarecimento a respeito das três dimensões do espaço:

- o ponto (corte entre duas retas), cuja dimensão é um;
- a reta que corta a superfície: a dimensão é dois;
- a superfície corta o espaço e o espaço tem, então, três dimensões.

Aqui vou esboçar algo assim: primeiro faço um esboço caligráfico de maneira manual:

**Figura 1.9:** Esboço manual caligráfico

Se escrevo assim, de forma caligráfica, não introduzo a terceira dimensão. Em contrapartida, agora desenho assim — com passagens por baixo e por cima nos pontos de intersecção —:

**Figura 1.10:** Esboço de um nó com três dimensões

Vocês podem ver que é um desenho semelhante ao anterior, mas se trata de algo totalmente diferente. De fato, nesse último esboço introduzimos a terceira dimensão do espaço.

Esse esboço é um nó cujas pontas estão soltas... Pode-se conceber que essas extremidades se encontram no infinito.

▪ ▪ ▪ ▪ ▪

Será preciso considerar o passo, em Lacan, da topologia das superfícies (iniciada explicitamente já no seminário 9, *A identificação*) para a topologia dos nós. Em todo caso, ele se efetua por certos traçados sobre o toro que permitem formar um nó. Lacan diz: "Com o lugar do toro [não com a superfície do toro] pode-se fazer um nó"; por isso que "o toro é a razão, já que permite o nó" (cf. o anexo sobre a demanda ímpar no *Guia topológico para "O aturdito"*[11]).

Deixo de lado este tema, por enquanto, o qual deverá ser retomado: do toro ao nó.

Muito mais adiante, ele voltará ao uso da topologia das superfícies, operando cortes sobre os elos considerados explicitamente como toros. Por esta via, ele fará um apontamento que é muito útil para nós. Corta-se o toro do simbólico e captura-se, no seu interior, o imaginário e o real. É o que ocorre quando se analisa dando um privilégio exclusivo ao simbólico; quando alguém se mantém num excessivo "amor pelo inconsciente" — posição que Lacan critica, a ponto de aconselhar que, nesses casos, é preciso fazer uma contra-análise!

Em seguida, Lacan desenha o "nó de trevo" — tratando-se, dessa vez, de um nó fechado com uma consistência só. A forma do centro do nó de trevo parece se assemelhar ao que encontramos no borromeano com três, mas não é o caso. No centro do nó borromeano com três temos aquilo que recebe o nome de *triskel*, conformado por três consistências. Em contrapartida, o nó de trevo tem uma consistência só.

Esse é um nó importante que servirá para Lacan ilustrar diversas operações. Nós o encontraremos no seminário *O sinthoma* (S23) e teremos oportunidade de nos deter sobre ele:

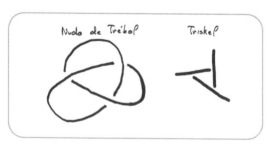

Figura 1.11: Nó de trevo ≠ Triskel

---

[11]CHAPUIS, J. *Guia topológico para "O aturdito"*: um abuso imaginário e seu além. Trad. P. S. de Souza Jr. São Paulo: Aller, 2019, p. 201.

Esse nó de trevo tem um valor clínico: Lacan considera, com efeito, que ele é o nó da paranoia, em que se confundem as três dimensões: real, imaginária e simbólica — as três dimensões estando em continuidade e havendo, assim, confusão dos três registros. Nesse momento, ele já reflete a respeito da dupla apresentação de um nó, conforme seja *levogiro* ou *dextrogiro*. Lacan volta frequentemente a essa referência ao levogiro e ao dextrogiro. Limito-me a apresentar esse duplo aspecto "em espelho" de um nó *levo* e de outro *dextro*:

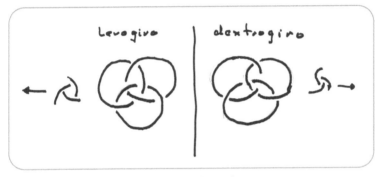

**Figura 1.12:** Nó *levo* e *dextro*

E nós logo nos deparamos com a "famosa" *Figura 6* de *Mais, ainda* (S20), que aparece na p. 162 da edição da Paidós, em castelhano[12]. Encadeamento de treze elos, que Lacan apresenta como borromeano; mas, como já adiantamos, é um erro. Não se trata de um nó borromeano. Lacan vai dizer que o erro deve ter sido do recompilador, porque ele não se lembra de ter desenhado dessa maneira (hummmm...).

---

[12]Nota do tradutor: Na tradução publicada em português, pela Zahar, trata-se da p. 170.

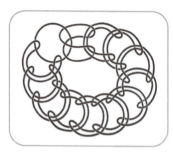

**Figura 1.13:** Nó com treze elos (*Figura 6* de *Mais, ainda*)

Antes de abandonar o *Mais, ainda* (S20), vale a pena examinar o que se passa quando "embaralhamos", enlaçamos, dois elos. Interessa-nos destacar, por exemplo, o enlace que corresponde à fantasia. Lembrem-se do "O aturdito", o último dos grandes textos escritos e anterior à abordagem dos nós. Nesse texto, encontramos o trajeto de um tratamento a partir da topologia das superfícies (cf. *Guia topológico*, de J. Chapuis, no qual se ilustra, passo a passo, esse trajeto): o sujeito barrado, representado como banda de Moebius, e o objeto *a*, como rodela (*rondelle*) — sendo a fantasia a conjunção entre esses dois elementos; e o corte em oito sobre o *cross-cap*, por sua vez, aquilo que permite separá-los e, por conseguinte, diferenciá-los.

Na linguagem dos nós, a cadeia da fantasia é a chamada Cadeia de Whitehead... à qual teremos a oportunidade de voltar. A propriedade desse nó é que uma consistência pode se transformar na outra. Lacan apresentará isso claramente no seminário *O sinthoma* (S23):

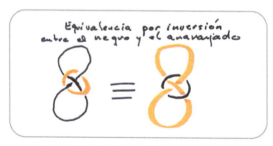

**Figura 1.14:** Cadeia de Whitehead da fantasia

Nós também a encontramos numa das apresentações das últimas figuras dos nós em *Mais, ainda* (S20):

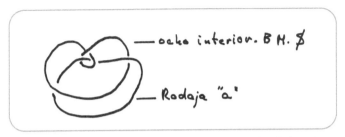

**Figura 1.15:** Apresentação em *Mais, ainda* (S20) da cadeia da fantasia

Vê-se, por um lado, o oito interior (trajeto de uma banda de Moebius), que representa o sujeito e seu enlace com o círculo — a rodela (*rondelle*), na terminologia do "O aturdito" — do objeto $a$.

Como são equivalentes, eles podem se transformar um no outro. O desejo sustentado na fantasia se apoia no objeto ou no sujeito, que é o que o matema ($S\lozenge a$) escreve: S barrado punção — que pode se conceber, pois, como o trajeto de um oito interior — $a$.

**Em 17 de fevereiro de 1976** (seminário 23: *O sinthoma*), Lacan retoma esse nó e o trata como o nó da não relação sexual. O oito e o elo são intercambiáveis e, portanto, equivalentes. Falar em "equivalência" nesse contexto significa que não há proporção/relação sexual; isso porque, para que houvesse tal proporção, seria preciso que aquilo que se relaciona não seja equivalente. Podemos dizer que esse nó de Whitehead é uma espécie de cifração da não proporção/relação sexual. Na última parte do nosso programa, retomarei essa questão da tentativa de Lacan de escrever a não relação utilizando o método dos nós borromeanos.

Umas palavras sobre o corte do Oito Interior, o corte operativo por excelência, por ser o corte que, no fim, produz o que conhecemos como "atravessamento da fantasia", ou seja, a separação entre o $ (o sujeito em sua divisão) e o objeto da fantasia. Esse corte é uma Banda de Moebius (doravante: BM), não sendo a BM outra coisa além de seu próprio corte — o que Lacan demonstra no "O aturdito". Trajeto do Oito Interior; borda de uma banda de Moebius — que é, como vocês sabem, uma superfície unilátera —; rodela (*rondelle*) — que é uma superfície esférica (bilátera, pois tem duas faces) —: tudo isso se encontra amplamente desdobrado no "O aturdito".

Recomendo-lhes a leitura do documento que preparamos num grupo de trabalho do Centro de Investigação Psicanálise & Sociedade — publicado como documento interno pela P&S — e, de igual maneira, do livro de J. Chapuis (em colaboração comigo): o *Guia topológico para o "O aturdito"* — publicado, igualmente, pela S&P[13]. E, por ora, não me detenho mais nesse ponto.

▪ ▪ ▪ ▪ ▪

O início de *Mais, ainda* (S20) — sigo, neste ponto, Michel Bousseyroux — é, de certo modo, a conclusão do "O aturdito" (lembro-lhes que, em sua versão em castelhano, o texto é conhecido como "El atolondradicho".

Se *Mais, ainda* (S20) começa com a referência a Bourbaki, ele termina, em contrapartida, com a referência aos nós — que nada tem a ver com uma lógica "conjuntista", uma lógica de conjuntos. O nó borromeano destitui, de igual maneira, o conceito de "matema"; e, com a "matemática" dos nós, produz-se certo distanciamento do formalismo da letra. "Aos nós não se aplica, até hoje, nenhuma formalização matemática", diz Lacan em *Mais, ainda* (S20, p. 175).

Lacan renuncia à topologia dos conjuntos com as suas noções de filtros, pontos de aderência, conjuntos fechados

---

[13] Nota da editora: Em português, publicado pela Aller.

e abertos, infinitos descontínuos e contínuos — utilizados, principalmente, na construção das fórmulas da sexuação.

Com a topologia borromeana, ele passa de uma topologia do conjunto vazio — com a qual ainda trabalha no seminário 19, ...*ou pior*, principalmente — para uma topologia do furo. Passa-se, conforme esclarece M. Bousseyroux, de uma topologia da vizinhança para uma topologia do "encurralamento"... (*du coinçage*), do travamento.

É fundamental distinguir entre a categoria da falta e o furo. A falta é algo que sempre provém do simbólico. Falta um livro na biblioteca; mas, se falta, é porque ele lá esteve — ou ao menos houve um lugar predeterminado para esse livro. Além do mais, a falta nos remete sempre a uma dialética do vazio e do cheio. Onde há falta, algo se instala.

Nos nós, em contrapartida, o furo não se tapa. Veremos aparecer o jogo entre falta e suplência noutra ordem de coisas: na forma do nó, em seus lapsos e em suas suplências, em suas correções do lapso — o que chamamos, como faz M. Bousseyroux, de "cirurgia dos nós".

Na construção borromeana e em sua clínica, o furo é (são) o lugar (os lugares) onde passam os elos; os furos, porém, não se preenchem. Não é como o laço entre o menos *phi* (da castração) e seu preenchimento com o objeto *a*. O próprio *a*, no nó borromeano, está situado como encurralamento, como travamento (*coinçage*) entre os três elos:

**Figura 1.16:** O ponto "*a*"

O ponto, tal como fica definido nos nós borromeanos, não é o ponto como lugar de intersecção entre duas retas: é um ponto definido por um furo. Em contrapartida, o ponto sobre uma reta não é um furo. No nó, por mais que o estirem de um lado ou de outro — puxando por um ou outro dos seus elos —, sempre restará ali o furo; por mais puntiforme que seja o furo, ele não se fecha. Ele é uma espécie de "vacúolo", dirá Lacan.

Lacan vai privilegiar esse ponto (e outros, como os furos dos gozos... como veremos depois, pois ainda não temos identificados, por enquanto, os registros R, S e I). É por aí que o *parlêtre* fica encurralado, atravancado, travado, pego. Basta destacar essa nova concepção do ponto... onde o *a* é apanhado. Ele lança luz, assim — via furo da insubstancialidade do *a* —, na direção de um outro lugar para o *a*, anteriormente localizado no dispositivo do espelho, no seminário da angústia, no grafo com a fantasia, nos discursos (por exemplo, no discurso do mestre, no lugar da produção; e no lugar do semblante de objeto, no discurso do analista...). Essa é, pois, uma nova proposta de lugar para o objeto *a*, nesse ponto de travamento do enodamento com três cordas. O que, na frase que inaugura o encontro com o nó, é dito como "não é isso!".

Em *Mais, ainda* (S20), Lacan é explícito: para que serve tudo isso? O elo é a melhor maneira de representar o Um.

Vamos nos deter um pouco noutra noção importante: o enlace. Um elo passa no furo do outro. Que se veja, por exemplo, o anel da amizade ou o do amor que estiveram muito em voga numa certa época. Eles não são nós borromeanos porque, justamente, constroem-se por enlaces: um elo entrando no furo do outro.

A propriedade do nó borromeano é precisamente que não há enlace algum: nenhum elo passa diretamente pelo furo de outro (como no caso dos nós olímpicos da *Figura 1.8*, p. 32). Essa é uma noção fundamental, e nós já mencionamos as suas incidências clínicas. Por exemplo, há enlace no nó "falido" de Joyce, onde o real se enlaça com o simbólico; ele não é um nó borromeano, e o imaginário fica solto. Outra coisa é que Joyce consiga fazer um nó borromeano, tal como pensa Lacan no final do seminário *O sinthoma* (S23) — recorrendo, para sua escrita, às retas infinitas. Esse nó, apresentado no final do seminário, não é o mesmo que o nó de Joyce, onde se escreve o "ego" corretor, não sendo ele borromeano. Voltaremos a esse ponto em algum momento, mas insisto em discernir que Lacan apresenta dois nós para Joyce (ambos no final do seminário): um com a suplência do "ego", que não é borromeano, e o outro apresentado logo em seguida, que é, sim, borromeano. É preciso prestar atenção, pois a versão do nó apresentado no seminário estabelecido (publicado pela Seuil e pela Paidós[14]) pode levar a confusão. Voltaremos a isso.

A propriedade do nó borromeano é que eles "enlaçam-se por não se enlaçar"! (**13 de maio de 1975**): há enlace porque não se enlaçam... O nó borromeano é propício para escrever a não relação sexual porque nele não há enlace algum.

Vocês podem verificar que, no nó borromeano, não há nenhum elo passando pelo furo do outro.

▪ ▪ ▪ ▪ ▪

Vou fazer algumas reflexões que supõem que eu me adiante um pouco com relação ao programado e já fale do nó RSI.

Lacan diz: o que fazer com os nós? Eles nos servem fundamentalmente para dar uma "representação" do Um. Ele ainda fala em "representação" porque considera que o nó seja uma metáfora. Mas depois vai dizer que o nó não é uma metáfora, e sim "real"; e, portanto, não se trata de

---
[14]Nota do tradutor: No Brasil, pela Zahar.

uma representação... em suma, diríamos se tratar de uma "mostração" do real.

Teremos duas escritas do real, portanto: o Real enquanto elo que se enoda com o I e com o S, e o real que é o próprio nó. Duas inscrições do real. O Real como Um, equivalente ao elo do S e do I. Como dissemos, cada elo é homogêneo aos outros dois. Lacan diz que eles são equivalentes. Eles não se distinguem uns dos outros. Só quando nós os "nomeamos" — seja recorrendo a cores ou ao nomeá--los com as letras R, S ou I — é que os diferenciamos.

Se nós os nomeamos, temos o real enquanto um e o real do nó que começa em três — o real enquanto três; o real do nó quando deixa de ser tomado como uma metáfora da cadeia significante.

Cumpre levar em conta essa precisão. O nó é real, quer dizer: um enodamento entre R, S e I.

O real solto, por assim dizer — um real "em si" —, nada se pode dizer dele; nada de nada... exceto que é Um e tem consistência, existência e furo. Nunca encontramos um real assim, bruto... sempre nos confrontamos com ele enquanto enodado, bem ou mal, com o S ou com o I. De outro modo, nada poderíamos dizer dele... apenas dizemos algo dele, usamos a palavra e fazemos com que ele passe para o sentido. E o real — isso é muito claro para Lacan — não é só o impossível de escrever (a proporção/relação sexual), mas o que ex-siste a todo sentido, o que está fora de sentido — uma definição claramente explicitada a partir do seminário RSI (S22).

Será que haveria sujeitos que estariam num puro real? Como poderíamos, então, falar de sujeito ou de *parlêtre*? Talvez a forma extrema de um autismo? Não sei... Digo apenas a título de hipótese.

O *parlêtre* requer a referência aos três registros. Na enfermidade da mentalidade, o Real está solto, ao passo que o Imaginário e o Simbólico estão enlaçados entre si. No caso de Joyce, o que está solto é o imaginário em relação

44 | Passo a passo... *rumo a uma clínica borromeana*

ao S e ao R, enlaçados entre si... mas sempre nos referimos aos três registros. Os "soltos", quer seja o R ou o I, estão "referidos" — se assim posso dizer — aos outros dois; eles estão "soltos" com relação aos outros registros.

▪ ▪ ▪ ▪ ▪

Acabamos de recorrer a uma operação de nomeação, quando identificamos R, S e I. Lacan a introduz utilizando simplesmente as letras: R, S e I. Ele começa a fazer isso no seminário que se segue ao *Mais, ainda* (S20), ou seja, em *Les non-dupes...* (S21), momento em que entraremos na segunda parte da nossa programação.

"Nomeei" utilizando letras e cores. Ao considerar o nó como real, saímos então — "até que ponto?" é a pergunta que se faz É. Porge em seu livro *Lettres du symptôme*, cuja leitura aconselho — da metáfora; saímos da linguagem e da armadilha do sentido... é um giro importante.

Alguns consideram que o nó é um "modelo" que se aplicaria ao *parlêtre*. Lacan diz "não!", não é um modelo que se "aplica": é a própria estrutura do *parlêtre*, e é real. Não há liberdade, há sempre três; mas há variação, variabilidade — *varité*, caso queiram —, na maneira das combinações possíveis de R S I, as quais iremos examinar. A estrutura requer três, mas a maneira como esses três se enodam, ou não, é variável. Que haja três dimensões é, por assim dizer, genérico; mas a maneira como se enodam, se combinam, é variável e singular para cada um. Para todos: R, S e I; cada qual, porém, com o seu próprio nó!

▪ ▪ ▪ ▪ ▪

Depois desse adendo, voltemos ao *Mais, ainda* (S20).
Nesse momento do *Mais, ainda* (S20), Lacan representa a cadeia significante com o nó da *Figura 6* (S20, p. 170).

Ele diz que isto tem consequências, o fato de que seja uma metáfora da cadeia significante... e formula a primeira aproximação a uma clínica borromeana utilizando o "método" borromeano — digamos, uma primeira aplicação que logo se modificará, a partir de *Les non-dupes...* (S21). A psicose se produz quando o nó se rompe. Entenda-se: rompe-se um fio e tudo se desfaz — desata uma psicose, produz-se um desencadeamento... Mas caso, ao romper um fio, o nó se desfaça; caso se suponha que o desencadeamento da psicose se produz porque um fio se rompe, é de se supor que, antes do desencadeamento — o que chamaríamos de "psicose" não desencadeada —, teríamos um nó borromeano (a psicose, nesse momento, é então pensada a partir do nó borromeano, e desencadeia-se quando um elo se rompe).

Em contrapartida, ele diz que na neurose, mesmo quando se rompe um elo, o *parlêtre* se sustenta. Ele fala das pessoas que, durante a guerra, permaneciam ali, firmes, apesar da ruptura de algum elemento... em razão do que a neurose é concebida, nesse momento, não como um nó borromeano, mas um nó olímpico: um elo pode se romper e os outros dois permanecem enodados (ao menos num determinado tipo de nó olímpico, como vimos...).

Ele dá um exemplo da ruptura do nó a partir das frases interrompidas de Schreber. A *Figura 6* representa treze elos enodados... uma frase composta de treze elementos, supomos. Imaginem só que nó não seria preciso fazer com a novela *Paradis*, de P. Sollers, que não tem uma pontuação sequer... a quantidade de elos que não necessitaríamos!

Lacan encontra um exemplo de "desencadeamento" da cadeia significante a partir de um exemplo: as frases interrompidas de Schreber — "um exemplo que lhes mostre para que pode servir essa fileira de nós dobrados" (ele está se referindo à dita *Figura 6*, supostamente borromeana).

Não é muito difícil encontrar um exemplo, e não à toa, na psicose. Lembrem-se do que povoa alucinatoriamente a solidão de Schreber — *Nun will ich mich...* agora eu vou me... Ou ainda: *Sie sollen nämlich...* vocês devem, quanto a vocês... (*Mais, ainda*, S20, p. 173, aula de 15 de maio de 1973.)

Lacan prossegue:

> Percebe-se aí a exigência de uma frase, qualquer que ela seja, que seja tal que um de seus elos, por faltar, libera todos os outros, ou seja, lhes retira o Um.

É só desprender um elo e o sentido se perde... Essas mensagens que deixam algo em suspenso... É faltar um elo que os demais se soltam... o que nos remete à decomposição do ponto de estofo (entre S e s) garantido pela metáfora paterna no ensino anterior de Lacan. Remete-nos, pois, à forclusão do Nome-do-Pai (este é o elo que se rompe, ou que se partiu, ou que está forcluído).

Em resumo, e para abreviar, o significante do Nome-do-Pai — e a função fálica a ele associada no tempo da metáfora paterna — assegura o encadeamento...

■ ■ ■ ■ ■

Na próxima intervenção retomarei um pouco essa *Figura 6* e passaremos então ao nó em *RSI* (S22).

Nós veremos como o erro da *Figura 6* de *Mais, ainda* (S20) serve para colocar finalmente em destaque que numa cadeia há um elemento que ocupa um lugar privilegiado... o que está justamente em concordância com a concepção do Nome-do-Pai como significante de exceção que ordena a ordem simbólica, conforme a posição de Lacan na época da "Questão preliminar a todo tratamento da psicose" e do Édipo formalizado como metáfora paterna.

Lacan comete um erro porque diz que a *Figura 6* representa um nó borromeano. E não é o caso. Mas esse erro dá lugar à escrita de um tipo de nó especial: ele se desfaz, por um lado; e, por outro, não (na próxima intervenção voltaremos a esse ponto).

## Debate

■ ■ ■ ■ ■

(Não se ouvem bem as perguntas na gravação. Só retomo os meus comentários quando eles se ordenam).

X.X.: ...
R.C.: Há muitas manifestações do real, não só na psicose. Falamos das manifestações do real no final da análise ou em momentos cruciais da análise. Mas sempre é de uma maneira pontual; evoca-se o relâmpago. Mas não há *parlêtre* que possa se instalar no real... Quando veio à luz a noção de Ics real — e de final da análise como passe para o real —, dizia-se: "está instalado no real"... É um disparate! Não há como se instalar no real.

Talvez, em certos casos, o psicótico esteja mais no real porque não tem recurso ao imaginário (é o caso de Joyce, por exemplo), mas é um real enodado ao simbólico.

Por isso digo que, se houvesse algo que se aproximaria mais de um ser humano totalmente apanhado no real, talvez seja certa forma extrema de autismo. Não me atrevo, contudo, a sustentar essa tese, porque não tenho uma clínica suficiente, nem conhecimento sobre o autismo para fazer isso...

X.X.: ...
R.C.: Sim e não. Lacan situa o real de muitas maneiras ao longo de seu ensino: o que sempre volta ao mesmo lugar; o real como impossível; impossibilidade de escrever a proporção/relação sexual... mas trata-se, então, de um real

visto a partir do simbólico, por assim dizer... E ele também fala do real em suas manifestações clínicas: por exemplo, quando fala da angústia como o afeto do advento do real, ou quando fala do sintoma como o que há de mais real... Nesses casos, não se trata do real como impossível, e sim de sintomas e afetos vinculados a essa impossibilidade. O positivo, visto que responde à negatividade da estrutura.

X.X.: ...
R.C.: Com o nó borromeano, temos de avançar passo a passo; não é uma questão de literatura...

X.X.: ...
R.C.: No momento em que ele entra com os nós, o real é definido como "aquilo que está fora de sentido". Então podemos dizer que é o impossível do sentido... mas a perspectiva se desloca. Uma coisa é o impossível, como o impossível de escrever no simbólico. Outra coisa é dizer que está fora do S e do I, fora do sentido. Mas uma coisa não contradiz a outra... Eu mesma conservei, durante muito tempo, a definição de real como impossível... Esse impossível que vem da lógica, da lógica modal... esse é um impossível lógico... estamos de acordo. Ele conserva essa definição do real como impossível até "O aturdito", me parece. Com o nó borromeano, ele não contradiz isso, mas abre outra maneira de tratar, de cingir o real... Temos, então, a série do inconsciente real, dos afetos do real, dos sintomas como reais...

Com o nó borromeano, abre-se outra perspectiva e fala-se de um "real" que tem diversas manifestações clínicas — em primeiro lugar: angústia e sintoma.

J. CHAPUIS: Há uma materialização do real, o impossível não tem consistência... Com o NB, o real tem uma consistência que, além disso, tem o seu próprio furo. Do impossível não se pode dizer que ele tenha o seu próprio furo...

R.C.: Quando ele o trata como impossível, está relacionado com a proporção/relação sexual que não pode se escrever. O impossível tem a ver com a impossibilidade dessa escrita... Podemos, então, assinalar duas abordagens do real. Como impossível ("O aturdito") e como necessário, encarnado no sintoma. Com os nós, ele tenta outra coisa... tenta, inclusive, que se possa escrever aquilo que não se pode escrever... porque dizer "que a proporção/relação não pode se escrever" não deixa de ser um dito, um enunciado — e que pode, então, ser negado... Ele não se conforma com isso... tenta encontrar uma escrita daquilo que não pode se escrever: ou seja, escrever a não relação.

X.X.: ...
R.C.: Não sei o que te dizer... É um intento outro que não a ontologia, porque não supõe nenhum ser... Sai-se da ontologia. Que tipo de estatuto um filósofo daria ao nó borromeano? Não tenho a menor ideia.
Em contrapartida, os físicos, sim, utilizam a teoria dos nós. Hoje está muito desenvolvida... muito mais que na época de Lacan. Tenho um amigo que é físico, em Paris (CNRS), e que trabalha com o movimento das turbulências. E ele aplica o método dos nós borromeanos — e não tem nada a ver com psicanálise —; ele aplica a matemática dos nós a fenômenos "naturais", que são objetos da física... e o faz utilizando escrituras algébricas que implicam nós. Coisas deste tipo:

$$\text{Tw} = \frac{1}{2\pi} \int \left( \mathbf{U} \times \frac{d\mathbf{U}}{ds} \right) \frac{d\mathbf{r}}{ds} ds = N + \frac{1}{2\pi} \int \tau(s) ds$$

Ele me mostrou a imagem de uma dessas turbulências. E onde nós só conseguiríamos ver um emaranhado de fios, um novelo bem embaraçado... ele calcula algebricamente as intersecções e furos dessa estrutura formada por nós.

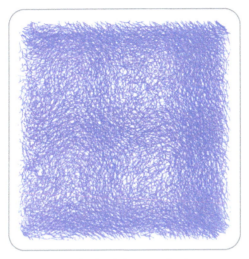

**Figura 1.17:** Representação de vórtices nos primeiros momentos de um fluxo ABC quântico com helicidade. Imagem cedida por M. E. Brachet, de uma colaboração sua na revista Physical Review A 94, 043605 (2016).

X.X.: ...
R.C.: Para os cientistas não é metafórico! Na física quântica, utilizam-se as tranças... Esse recurso aos nós borromeanos vai além de uma brincadeirinha que deu na telha de Lacan. A ciência tem uma eficácia, e esse método dos nós tem uma eficácia para a análise de muitos fenômenos.

▪ ▪ ▪ ▪ ▪

Terminamos aqui... mas não vão dormir. Fiquem acordados e brinquem com os nós até as duas da manhã, pelo menos!

# 2 | Da pré-história ao RSI

*27 de março de 2017*

Vou continuar com o desenvolvimento da primeira parte do nosso programa.

Mas começo com um comentário geral, tratando de enfatizar as incidências clínicas do nó borromeano. O encontro de Lacan com os nós tem incidências clínicas e, como dissemos, muitas ainda restam por desenvolver.

Com relação à psicose, nessa etapa da PRÉ-HISTÓRIA DO NÓ ela é tratada por Lacan como desencadeamento de um nó borromeano, ao passo que para a neurose, em contrapartida, ele toma como referência o nó olímpico.

Vejamos o que acontece com uma noção essencial como a de "forclusão" em sua relação com a psicose.

Em **16 de março de 1976,** Lacan afirmará que, no que concerne à forclusão, "o Nome-do-Pai é, no fim das contas, algo leve"[1].

Lacan revisa, entre outras coisas, a paranoia; e nós vemos até que ponto resulta modificada, a partir do momento em que se encara a estrutura a partir do borromeano, a sua concepção apresentada em "De uma questão preliminar...".

É preciso, então, considerar uma abordagem mais radical da forclusão, considerando-a como forclusão do sentido no real — ou por causa do real, ou pelo real. Sentido que situamos no nó como o espaço entre imaginário e simbólico.

---
[1] Nota do tradutor: LACAN, J. (1975-1976) *O seminário, livro 23: o sinthoma.* Trad. S. Laia. Rio de Janeiro: Editora Zahar, 2007, p. 117, aula de 16 de março de 1976, tradução modificada.

Estamos, neste comentário, nos adiantando um passo com relação ao nosso programa, já falando do nó em termos de R, S e I.

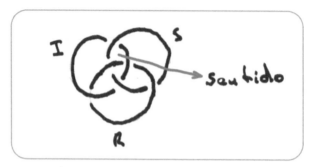

**Figura 2.1:** Vemos que o real ex-siste ao sentido

Sabemos que Lacan havia situado a psicose a partir da forclusão do Nome-do-Pai como sendo o seu fator causal. Mas o termo "forclusão" adquire uma referência mais ampla. Refiro-me ao que se expressa como "forclusão generalizada", que se distingue da forclusão que costumava se referir unicamente ao significante do Nome-do-Pai. Essa forclusão generalizada é genérica e não depende de uma modalidade psicopatológica. Não faz distinção entre psicose, perversão e neurose. Lacan acabará dizendo que "todos deliramos"; ainda que eu pense que vá ser preciso então distinguir entre um delírio e outro — digamos, entre o delírio do sentido comum compartilhado e o delírio "delirante", como produção única de um sujeito psicótico, como a sua invenção própria de "sentido".

A forclusão vem do real. Em contrapartida, na época do "De uma questão preliminar...", em 1958, Lacan a situa em referência ao simbólico (lembremos: o que está forcluído no simbólico retorna no real). Isso supõe uma definição da consistência do simbólico, e inclusive o lugar dominante que lhe é atribuído — a sua primazia. Primazia que vamos ver destituída a partir do borromeano. Bem se poderia

54 | Passo a passo... *rumo a uma clínica borromeana*

falar em "forclusão" de um significante quando o simbólico guardava esse predomínio em relação ao imaginário e ao real. No seminário *O sinthoma* (S23), percebe-se a necessidade de desdobrar o inconsciente simbólico na forma do símbolo e do sintoma... esse é um ponto primordial, sobre o qual trabalharemos adiante. Desdobramento que antes ressoava na ideia do desdobramento entre o Outro e o significante do Nome-do-Pai como exceção.

Essa forclusão generalizada não remete, então, ao real que se manifesta na alucinação delirante, mas é referida ao real suportado pelo nó.

■ ■ ■ ■ ■

Já mencionamos, na primeira intervenção, o nó de trevo (nó da paranoia):

**Figura 2.2:** Nó de trevo

Ele se apresenta como uma espécie de regressão em relação ao nó com três — nó de partida de Lacan. Essa regressão ao Um do nó de trevo, Lacan a identifica com uma consubstancialidade, a qual ele atribui à "personalidade".

Veremos então de que maneira a perda da realidade é atribuída a uma desborromeização, a uma perda da propriedade do borromeano — que, no caso da paranoia, traduz-se numa perda da distinção entre o R, o S e o I.

Existem diferentes graus de perda da realidade (realidade sustentada no enodamento borromeano), desde a maior indistinção da paranoia até aqueles casos em que só há indistinção entre duas dimensões, e que nós já mencionamos. Repetimos, pois:

- Esquizofrenia: temos a indistinção entre o R e o S (entre a coisa e a palavra);
- Enfermidade bipolar: indistinção entre o I e o R (confusão entre a imagem e a coisa);
- Melancolia: indistinção entre I e R (confusão entre a imagem de si e a coisa);
- Mania: indistinção entre o S e o I (palavras e ideias, confusão entre o significante e o significado).

Do ponto de vista da fantasia, esquizofrenia, melancolia e mania têm em comum a presença de um "enlace". Existe uma diferença, contudo, porque o objeto varia em suas manifestações. Se, por um lado, ele adquire uma consistência na imagem do corpo autoerotizado na esquizofrenia, na melancolia ele a adquire no lugar do Outro simbólico; e na mania, adquire consistência no real do vivente.

Para maior desenvolvimento sobre essas diferenciações na psicose, vocês podem consultar os trabalhos de M. Bousseyroux.

■ ■ ■ ■ ■

Antes de prosseguir com o nosso "passo a passo" e examinar mais uns pontos da Pré-história do nó RSI e o erro da *Figura 6* de *Mais, ainda*, detenho-me numa referência central no ensino de Lacan.

Faço um adendo com o fim de destacar a citação de *Les non-dupes...* (S21) de **11 de dezembro de 1973**, quando Lacan opera um giro fundamental em seu ensino (como já mencionamos na 1ª intervenção). Trata-se de uma referência muito importante porque modifica, por assim dizer, a sua concepção do inconsciente, operando esse giro entre o Ics estruturado como um linguagem e *lalíngua*... entre o Ics-linguagem e o Ics-real, como aprendemos a discernir a partir das elaborações de C. Soler. Agora Lacan dá ênfase a um inconsciente em que os significantes não estão encadeados; o Ics é um enxame de significantes não encadeados entre si.

Leio a citação pela importância que dou aos desenvolvimentos do ensino de Lacan.

Cito, a partir da minha tradução, segundo a versão que tenho do seminário *Les non-dupes...* (S21):

> O saber é a consequência de que há Outro. Com isso, temos dois, aparentemente [esclareço: $S_1$ e $S_2$]. Porque o estatuto desse segundo provém precisamente do seguinte: que não há relação com o primeiro, que não formam uma cadeia, mesmo quando em algum lugar eu disse [que ela havia] — nos meus escritos, os primeiros —, em "Função e campo" (1953) [...] Em "Função e campo" soltei que eles formavam cadeia. É um erro. Porque foi preciso, para decifrar [o que fazemos], fazer umas tentativas. Ao decifrar, a gente se embaralha. De todo modo, foi assim que consegui saber o que estava fazendo. Ou seja, saber em que consistia decifrar. É substituir o $S_1$ [Um] por outro significante... isso só dá dois porque os senhores acrescentam aí a decifração. O que em seguida faz com que contemos três. Isso não impede que eu tenha escrito, o que fiz, S índice 1 e S índice 2, porque é assim que se deve ler a fórmula do vínculo de $S_1$ com $S_2$. É puro forçamento, mas não é forçamento de uma noção. É isso o que nos coloca sob o jugo do saber. Visto que eu estou lhes falando de psicanálise, acrescento: o jugo do saber, no lugar mesmo da verdade. No lugar, também, da religião [...]

Vou comentar um pouco.

A cadeia significante não é mais que um artifício, produto do forçamento da decifração. A cadeia não passa de aparências. Os significantes não formam cadeia, não estão encadeados no Inconsciente.

O Ics é um conjunto aberto, e os significantes ali se associam não por cadeias, mas por vizinhança.

No ICS, só há Uns e eles formam um enxame, não uma cadeia. Isso, como dissemos, nos remete à elaboração de *lalíngua* inaugurada paralelamente ao seminário *...ou pior* (S19), numa das primeiras aulas de Sainte-Anne sobre "O saber do psicanalista"[2].

A definição do sujeito como aquilo que representa um significante para outro significante não deixa de ser válida na operação de decifração do Ics-linguagem, mas agora o $S_1$ — enquanto elemento, um entre outros, do Ics-real — entrará em coalescência com o gozo na formação dos sintomas. Distinguimos, pois, entre o sujeito do inconsciente enquanto decifração, e o trabalho do inconsciente (o *Arbeiter*, trabalhador incansável que nunca faz greve) como cifração. Para que ele trabalha? Para quem? Não há dúvida quanto à resposta: trabalha para produzir gozo. E se é um "saber", é, em todo caso, um saber sem sujeito. No seminário *Mais, ainda* (S20), Lacan afirma algo particular quanto a esse saber e sua economia: o valor da sua aquisição é o mesmo que o de seu uso. Não há perda, não há entropia nesse trabalho do inconsciente. Diferentemente da repetição, que comemora, de novo e de novo, a perda (entropia) originária do gozo — tal como se pode ilustrar com o circuito pulsional. Há repetição porque, precisamente, o objeto está perdido — e desde sempre. Repete-se porque se falha.

---

[2] Nota do tradutor: "Le savoir du psychanalyste" [O saber do psicanalista] foi publicado como: LACAN, J. (1971-1972) *Estou falando com as paredes: conversas na Capela de Sainte-Anne*. Trad. V. Ribeiro. Rio de Janeiro: Editora Zahar, 2011.

**Figura 2.3:** Circuito pulsional em torno do objeto *a*

Esse giro tem os seus antecedentes no seminário *De um Outro ao outro* (S16), quando ele está tratando do par ordenado. Os discursos, os laços sociais que eles escrevem, eles o fazem a partir da suposição dessa articulação... E mais, a própria definição do sujeito do inconsciente está previamente definida a partir dessa articulação: um significante representa o sujeito para outro significante. Ou seja, que a definição de "sujeito do Ics" limita-se a essa articulação do Ics-linguagem.

Mas o Ics é um saber "sem sujeito", tese explicitada em *Mais, ainda* (S20).

Daí, e isso é importante para uma teoria do social a partir da psicanálise, existir uma hiância em todo laço social: no do senhor com o escravo, no de quem ensina com quem é ensinado, no do sujeito histérico com seu Outro, no do analista com o analisante.

O laço social é, vamos dizer assim, trabalhado por esta hiância como efeito do trabalho do inconsciente. Daí poderíamos afirmar, partindo da psicanálise, que toda relação social é um semblante; ou então que, como a proporção/ relação sexual, ela só se realiza sintomaticamente.

Que proveito poderíamos tirar dessa tese para a análise do social? De todo modo, proponho que se possa partir da impossibilidade de toda relação social... com o que *exit* todo ideal de harmonia social... O laço social, como o laço sexual, é trabalhado por um "real".

No discurso do analista, esse giro também se encontra anunciado de algum modo. Basta examinar a linha de baixo, que escreve a impossibilidade de que $S_1$ alcance $S_2$. Hiância também presente em todo discurso: entre a produção e a verdade.

No seminário *De um Outro ao outro* (S16) — cf. a fórmula $(S_1(S_1(S_1-S_2)))$ —, nunca se realiza a articulação entre $S_1$ e $S_2$, exceto na decifração, pela via do sentido. Mas no ICS, temos apenas $S_1$, o enxame de $S_1$. Não é algo freudiano... por isso que, em algum lugar, Lacan faz a distinção entre o Ics freudiano e "o nosso" — isto é, aquele que Lacan propõe.

E o que resta do saber? Está claramente explicitado: se o Ics é um saber, é um saber sem sujeito. O que resta, então, da noção de sujeito do Ics? Que tipo de saber há no Ics? Bem podemos adiantar uma resposta: o saber do Ics é um "saber fazer" que, às vezes, Lacan compara não com o do artista, mas com o do artesão. Não é um saber articulado, só havendo saber articulado pelo forçamento da decifração. É, pois, um saber fazer da ordem de uma pragmática, um "saber fazer" para a produção de gozo ou de gozos.

O passo de considerar borromeana a cadeia significante, a relação borromeana entre os três registros, é contemporâneo e solidário a esse questionamento do inconsciente como cadeia significante.

▪ ▪ ▪ ▪ ▪

Depois desse adendo, retomarei o desenvolvimento de *Mais, ainda* (S20) com relação aos nós. Tomo alguns pontos de **22 de outubro de 1973**, quando Lacan responde às perguntas de J.-A. Miller. Refiro-me apenas a alguns pontos ali tratados.

Já vimos a definição original que ele propõe para "o ponto" não definido como o corte entre duas retas, e sim como aquele tipo de encurralamento, de travamento que se produz num nó borromeano. Podemos situar os três pontos onde pode se produzir esse travamento possível:

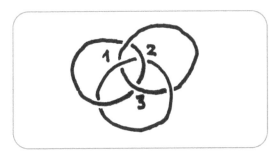

**Figura 2.4:** Nó com seus três pontos de travamento

Ele volta a distinguir entre os nós levogiro e dextrogiro, que voltaremos a encontrar, mais para frente, em *Les non--dupes...* (S21) — em **13 de novembro de 1973**.

Agora, em *Mais, ainda* (S20), ele ilustra essa distinção do centro dos nós *levo* e *dextro* apresentando-os com retas:

**Figura 2.5:** Giro *levo* e *dextro* representado com "bastões" em *Mais, ainda*[3]

---

[3]Nota do tradutor: LACAN, J. (1972-1973) *O seminário, livro 20: mais, ainda.* Trad. M. D. Magno. Rio de Janeiro: Editora Zahar, 1985, p. 183, aula de 22 de outubro de 1973.

Em *Les non-dupes...* (S21), em **11 de março de 1975**, Lacan reconhece o erro da *Figura 6* de *Mais, ainda* (S20) e situa o porquê de esse erro ter se produzido. Foi o matemático Michel Thomé quem dele se apercebeu. O nó da *Figura 6* não é borromeano! Cabe assinalar que, como sempre, Lacan extrai algum ensinamento dos seus erros... com esse, ele antecipa algo que depois lhe será útil: a existência de ao menos um elo que tenha uma função excepcional, de exceção, com relação aos outros. Antecipação, de certo modo, do lugar especial que o quarto elo do *sinthoma* adquirirá em sua função de enodamento dos outros três, desnodados e empilhados (veremos tudo isso depois).

Lembremos como está apresentada a *Figura 6* de *Mais, ainda*. Ali se unem treze elos (diferentemente dos três de base R,S,I, que abordaremos na segunda parte do programa).

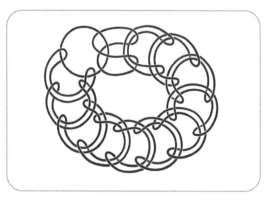

**Figura 2.6:** Nó com treze elos — *Figura 6* de *Mais, ainda* (S20, p. 170)

Mas ele não é um nó borromeano propriamente dito: num sentido, é borromeano; noutro, não. É um erro... um erro venturoso, como ele diz — porque ele faz dos seus erros um achado. Ele o chama de nó "thomeano", já que foi M. Thomé quem dele se apercebeu.

Com efeito, caso se corte uma das extremidades — a que está à direita do círculo —, isso não solta todos os elos. Em contrapartida, caso se corte a outra extremidade — ou seja, o círculo —, aí sim todos se soltam, a propriedade borromeana se satisfaz.

**Figura 2.7:** Detalhe (segundo F. Schejtman, p. 159, imagens retificadas)

Trata-se de um erro de "perspectiva"; é um erro na maneira como se engancham os anéis que têm "forma de orelha". Os laços superiores das orelhas-anéis prendem os seguintes de modo diferente:

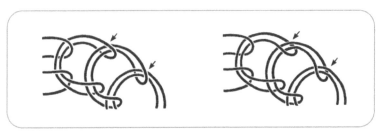

**Figura 2.8:** Desenvolvimento da *Figura 6* e seu erro de perspectiva (segundo F. Schejtman, p. 158, imagens retificadas)

Pode se relacionar com as seguintes formas:

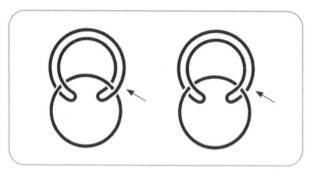

**Figura 2.9:** Detalhe (segundo F. Schejtman, p. 158)

Em **11 de março de 1975**, Lacan diz:

> Aqui tem algo completamente interessante que demonstra algo particular de certos nós que podem se chamar "borromeanos" em um sentido, mas não em outro — o que evoca a ideia do ciclo e da orientação [*du sens*].[4]

Na cadeia *thomeana*, ele encontra, então, um anel que se distingue de todos os outros: o círculo que, ao ser cortado, desfaz toda a cadeia — procedendo, porém, ao desprendimento dos anéis um a um.

Será que essa cadeia thomeana tem alguma incidência clínica? É o que F. Schejtman propõe com a distinção entre o "Pai que nomeia", o pai nomeante, e o "nomear para".

Essa cadeia thomeana ilustraria, à sua maneira, duas formas de nomeação: a paterna (representada pelo círculo), que flexibiliza de maneira borromeana — ou "quase borromeana" —; e a outra (o anel à direita do círculo), que enrijece a cadeia e que não pode ser atribuída à função de nomeação do pai, e sim ao que Lacan designa como um "nomear para", ou "nomear a" (*nommer à*) — que introduz uma ordem, sem dúvida, mas uma "ordem de ferro".

---

[4] Em *O sinthoma* (S23), ele voltará a esse tema do ciclo e da orientação.

Poderia ser essa uma modalidade própria da atualidade? A que, de algum modo, estabeleceria uma ordem social? Lacan fala do que seria esse "nó social" na época em que se assiste, em grande medida, ao declínio da função paterna.

■ ■ ■ ■ ■

Continuamos com a primeira parte do nosso programa, quando Lacan, eu lhes recordo, aplica o método borromeano à cadeia significante e quando ele associa psicose/desborromeização e neurose/nó olímpico.

Em "Formulações sobre a causalidade psíquica" — texto de 1946 —, Lacan, recém-saído da guerra, havia associado liberdade e loucura... Agora esse termo, "liberdade", pode ser referido ao fato de que um ou mais elos ficam soltos, em liberdade. Na psicose, quando um dos elos falta, é cortado, "você enlouquece". Em contrapartida, no que se pode chamar de "normalidade", se um dos elos se desprende, a pessoa não enlouquece.

Lacan se refere àqueles mencionados na primeira intervenção como "nós olímpicos". Se um elo se rompe, os outros dois permanecem atados. Mas há um nó olímpico que, caso o do centro se rompa, o nó todo também se desfaz. Já apresentamos esses dois tipos de nó olímpico (cf. a primeira intervenção, p. 32).

Ele diz que, durante a guerra, os "seus" neuróticos — esses sublimes neuróticos, os que ele ainda não havia curado — eram "duros de roer". Espantou-se ao ver como seguravam as pontas e como se portavam de maneira admirável.

Terminamos assim, então, a primeira parte do nosso programa sobre A PRÉ-HISTÓRIA DO NÓ RSI com as aulas de **11 e 18 de março de 1975** do seminário *RSI* (S22), em que Lacan explanou o erro da *Figura 6* de *Mais, ainda* (S20).

Iniciamos a segunda parte do nosso programa, que será bem mais extensa que a primeira.

Para tanto, devemos mergulhar nas três primeiras aulas do seminário *Les non-dupes errent* (S21), de 1973-1974 — em castelhano: *Los no incautos yerran* [Os não tolos erram] ou *Los nombres del padre* [Os nomes do pai].

E vamos começar a desenhar o nó R, S e I com os três elos diferenciados. Nós os diferenciamos quer pela cor, quer pela letra.

Uma primeira apresentação do nó com três — nó do qual Lacan parte — pode se apresentar assim. As cores fomos nós que escolhemos, é arbitrário; porém, seguimos a opção feita na apresentação dos nós do seminário *O sinthoma* (S23), publicado pela Seuil e pela Paidós[5]. Escolhemos o azul para o real, o vermelho para o simbólico e o verde para o imaginário.

**Figura 2.10:** Primeira apresentação do nó RSI com cores e letras

Para as cores, eu uso uma regra: o real, azul como as nuvens; o imaginário, verde como as ilusões; o simbólico,

---
[5]Nota do tradutor: No Brasil, pela Editora Zahar.

66 | PASSO A PASSO... *rumo a uma clínica borromeana*

vermelho como o proibido. Bem... não é necessário que me sigam nessa opção; vocês podem fazer, cada um, a sua própria regra para lembrar quais cores usar. Insisto em que é totalmente arbitrário fazê-lo de um modo ou de outro. Mas daí convém manter a escolha; caso contrário, faremos confusão — e já veremos o porquê.

Com as letras e as cores, indicamos os três registros, as três diz-menções, ou diz-mansões, nas quais está mergulhado o *parlêtre*, o falasser. As categorias — também podemos dizer assim — de R, S e I já foram apresentadas bem cedo por Lacan, em sua conferência de 1953, "SRI". Ela está publicada junto com o texto da única aula de *Os nomes do pai* — em francês, na pequena compilação da Seuil; e pela Paidós, em castelhano[6]. Nessa época, o real era sempre definido pela negativa. Lacan irá tratar essas três categorias de duas em duas. Estamos familiarizados sobretudo com o tratamento da articulação entre S e I. Até que ele se encontra com o NBO, que lhe cai "como um anel no dedo", não mais tratando as categorias de maneira binária — quando o real era, por assim dizer, uma categoria residual; e quando, por muito tempo, imperou um ordenamento hierárquico onde o imaginário estava subordinado ao simbólico.

Com a equivalência das três dimensões R, S e I, é preciso levar em conta que o imaginário[7] não terá de ser reduzido ao especular para ser a categoria que concerne ao corpo — não só como corpo imaginário especular, nem tampouco corpo simbólico sutil, mas o corpo como lugar onde se assenta "o gozo". O corpo "de que se goza", sendo ali o gozo a nossa única substância. Um corpo é feito para gozar; gozo do qual o inconsciente participa. Ademais, um

---

[6]Nota do tradutor: Em português, LACAN, J. *Nomes-do-pai*. Trad. A. Telles. Rio de Janeiro: Editora Zahar, 2005.
[7]Aqui seria preciso se interrogar a respeito dessa nova abordagem do Imaginário e de suas incidências clínicas.

gozo que o Ics fabrica com *lalíngua*, verdadeira infraestrutura "real" do Ics.

Quanto ao nó, ele não corresponde a nenhuma espécie de ser, visto que não tem a consistência do espaço geométrico. O *parlêtre* tampouco é um ser. Como dissemos, Lacan rompe com toda ontologia... por isso foi abandonando pouco a pouco a sua expressão "ser" falante — ainda muito presente em *Mais, ainda* (S20) — pelo seu neologismo "*parlêtre*" (falasser).

O que caracteriza essas três dimensões, como vimos, é que elas são equivalentes entre si.

Mas ser equivalente ou semelhante é ser igual? Pierre Soury — um dos três matemáticos que colaboram com Lacan em sua aventura com os nós e cujo final foi trágico, pois se suicidou não muito tempo depois da morte de Lacan — lhe diz: "*du même au pareil, il y a une distance*" (entre o mesmo e o parecido, há uma distância). A distância então se estabelece entre os círculos não nomeados e os círculos nomeados com uma letra e/ou com uma cor. Como equivalentes entre si, cada um tem uma existência, uma consistência e um furo, como vimos. Porém, enquanto diferentes, cada um se caracteriza por ter atribuída a si uma função específica: ao simbólico, o furo; ao imaginário, a consistência; ao real, a existência. Quando não usamos nem letras nem cores, não se pode dizer quem é quem.

· · · · ·

Como se faz o nó? Já aprendemos a fabricá-lo e a desenhá-lo: dois elos sobrepõem-se e um terceiro passa por baixo do que fica embaixo e por cima do que fica em cima. Uma vez feito, se não recorremos nem à cor, nem às letras, não há como discernir de que modo ele se construiu. Porém, uma vez identificado cada um dos elos, o nó do qual parte Lacan (nossa *Figura 2.10*) se apresenta da seguinte maneira: o simbólico passa por cima do imaginário e o real passa por cima do simbólico e por baixo do imaginário.

É importante levar em conta o que podemos chamar de "regras de ortografia" da escrita dos nós, com as suas passagens por cima ou por baixo. Veremos como um "erro" de escrita produz diversos "lapsos" do nó.

Lacan comenta, nessas aulas, o interesse pela matemática... não só pelo fato de ela formalizar, mas porque a matemática dispõem de uma escrita que fixa o seu próprio limite, assim como faz o discurso analítico — que não está aberto a todos os sentidos... Um discurso aberto a todos os sentidos é o que encontramos no delírio de superinterpretação, sobretudo em seu empuxo a dar sentido a tudo... Delírio garantido, ainda que não forçosamente psicótico... nós o encontramos frequentemente em todos os comentários daqueles acontecimentos que surpreendem (por exemplo, um ato terrorista). Há uma precipitação em lhes dar sentido, precisamente porque eles se apresentam a nós, num primeiro momento, como atos que rompem com todo e qualquer sentido. Tanto a matemática como a psicanálise determinam os seus limites e seu possível "além". Mas não se trata de um além mítico ou místico. Trata-se de limites que estão fixados e cujo "inefável" não é um "além" deslocalizado.

Ele inicia, nesse seminário, uma reflexão muito interessante sobre *A interpretação dos sonhos* e sobre a relação de Freud com o ocultismo (pontos nos quais não vou me deter). E aí faz a primeira aproximação dos três registros, colocando em ato uma nomeação — nomeação que é fruto de um dizer de Lacan. Ele os nomeia... vai dizer que se trata das suas invenções: *"minha invenção..."*. Se estão em Freud, isso não é explícito, por mais que Lacan vá dizer que ele "os lê" em Freud, que ele os extrai de Freud.

Esse espaço delimitado pelos três registros, Lacan o distingue tanto das coordenadas de Descartes como das categorias *a priori* de Kant: espaço e tempo. Ele propõe uma outra concepção do espaço (nem o espaço geométrico, nem o espaço da estética transcendental kantiana). Em Kant, espaço e tempo são categorias genéricas; ele as chama de categorias *a priori* de todo ser humano, com o que se organiza toda experiência.

Também afirma que temos uma dificuldade com esse novo espaço... porque dele nos apercebemos como que em *flat land*... (Comentário de J. Chapuis: *Flatland* é uma novela de E. Abbott em que os seres são de duas dimensões...). É como se andássemos pelo mundo sem ter consciência do volume. Vocês se veem como seres planos?

O registro imaginário nos induz a nos percebermos como planos... segundo o imaginário especular, eu diria. O corpo gozado abre para as três dimensões do volume. O corpo do qual se pode dizer que alguém o tem (diferente da imagem, que se vê) porque "se o sente".

O nó também é apresentado, quando o escrevemos, como aplanado — em duas dimensões, aparentemente. Porém, como vimos, a passagem por cima e por baixo introduz a terceira dimensão. De todo modo, a escrita do nó implica, sem dúvida, uma "imaginarização" do nó — que, no entanto, como dissemos, é real.

Quando escrevemos o nó em duas dimensões, há uma contraparte no espelho: o azul passa para a direita e o verde passa para a esquerda; há uma inversão...

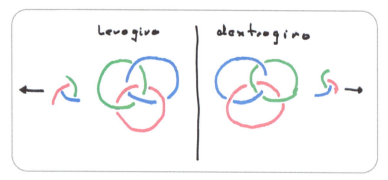

**Figura 2.11:** Especularidade do *levo* e do *dextro*

Nó levogiro a nó dextrogiro... Em contrapartida, o nó no espaço não tem figura especular alguma.

Isso que parece um mero jogo de formas é importante porque se sustenta na pergunta que, para Lacan, insiste: podemos escrever um nó que tenha uma única forma, e não duas (há aí uma pergunta em relação à escrita da não relação sexual...)? Isso porque, se houvesse duas apresentações de um mesmo nó, acaso isso não induziria a pensar que essa diferença escreve a diferença dos sexos? — um seria o nó do homem e outro, o da mulher. Teríamos, assim, a cor "homem" e a cor "mulher" na escrita borromeana. Se nos remetemos à apresentação em espelho de um mesmo nó, então como deixar de cair na clássica diferença dos sexos por oposição binária?

Voltaremos a esta questão: ele tenta escrever a relação sexual que não pode se escrever; ele tenta escrever a não relação. Com ou sem sucesso? Não é evidente.

É claro que o enlace entre dois elos pode ser tomado como uma metáfora da relação/proporção sexual; e assim o nó borromeano, ao não permitir enlace algum, "demonstraria" — ou, melhor dizendo, "mostraria" — a não relação/proporção sexual...

Em contrapartida, Lacan nos iniciou no nó de enlace entre dois da fantasia (cadeia de Whitehead; cf. p. 38, na primeira intervenção). Porém, com esse nó da fantasia, escreve-se o enlace entre o sujeito barrado ($) e o objeto *a*, não a relação entre homem e mulher. Não tem nada a ver com a escrita de uma relação sexual; ele escreve a relação entre dois elementos: o sujeito e o objeto. É um tema que Lacan desenvolve no *O sinthoma* (S23), como anunciamos, e no qual nos caberá nos deter (no Volume 2 deste *Passo a passo...*)

Quanto ao tempo, Lacan já o havia abordado em seu texto "O tempo lógico...", com a distinção entre o instante de ver, o tempo de compreender e o momento de concluir: tempo do ato que supõe uma antecipação, pois não é o resultado direto do tempo de compreender — digamos, do "saber". Temos, portanto, uma espécie de dissociação entre o saber e o ato, por mais que o saber, por vezes, prepare as condições de possibilidade do ato; e por mais que o ato, uma vez produzido, seja novamente enquadrado no contexto de um saber.

De passagem, recordemos — como vimos quando tratamos da questão do *a* como ponto no nó, como vacúolo vazio — a citação de *O sinthoma* (S23) que sempre aprecio muito: não cremos no objeto; é só porque há desejo que lhe supomos uma causa. Vazio, causa, mas não substância... Não há olhar melhor que o do cego. A única substância que Lacan reconhece a partir da experiência analítica não é a do *a*, por mais que ele tenha "manifestações substanciais episódicas"; a única substância que ele reconhece é a substância gozante (que deve se distinguir tanto da *res* pensante como da *res* extensa de Descartes).

Ao longo deste seminário, eu me faço uma pergunta: se Lacan escreve o *a* no nó com três, onde fica escrito o *a* quando ele passa ao nó com quatro ou mais...? Nem toda escrita do nó permite a leitura do *a*.

Ele vai definir outros tipos de furos (e haverá os que ele classifica como falsos e os verdadeiros)... Ao passar para o nó com quatro ou mais, já não temos escrito o lugar desse vacúolo do *a* tal como ele se apresenta no nó com três...

Costumo dizer que o nó do qual Lacan parte é um "nó ideal" porque ele começa o uso dos nós com a intenção de deixar de lado o recurso ao pai... de "dispensar o pai", ao menos esse pai que implica sua referência à religião. Depois ele terá de voltar a introduzi-lo sob uma das formas do *sinthoma* que enoda a maneira sintomática de enodamento na neurose, o *sinthoma* "*pépère*" (confortável, cômodo, comum, do sentido comum) da neurose. Lacan tenta "dispensar o pai", ao menos esse pai que implica sua referência à religião.

Ele só chegará a isso, ao que me parece, no final de um itinerário de quase dez anos, quando propõe, induzido por M. Vappereau, o "nó borromeano generalizado" — que escreve a passagem de um nó com quatro a um nó com três. Esse "nó ideal", então, com o qual debuta a sua abordagem dos nós, não tem de recorrer ao Nome-do-Pai... A primeira abordagem do nó com três é um "dispensar o pai"... Apesar disso, ele o supõe implicitamente, visto que já diferenciamos, já nomeamos cada um dos elos — já operamos, portanto, com uma "nomeação" quando marcamos cada elo com as letras R, S ou I, ou com as cores com que os distinguimos. Aqui, o que nomeia é o próprio Lacan, que "inventa" esse nó. O "pai" do nó, poderíamos dizer que é o próprio Lacan...
Se toda função do pai é uma nomeação... cabe indagar: toda nomeação é função do pai? O caso de Joyce será desdobrado por Lacan para ilustrar precisamente o "caso" de uma nomeação apesar da "forclusão, de fato", do pai (cf., sobre esse ponto, o precioso livro de C. Soler: *Lacan, leitor de Joyce*).

Vimos as três categorias como homogêneas e as vimos como distintas, nomeando-as com cor e/ou letras.

▪ ▪ ▪ ▪ ▪

Ressalto o fato de ser preciso levar em conta algo que, mais para frente, será operativo... essa combinatória RSI tem seis combinações possíveis. Aplicamos o operador fatorial (*n!*) para calcular quantas combinações obtemos a partir de *n* elementos. Se há dois elementos, a fórmula é 2x1 = 2, e temos duas combinações. Com A e B, temos AB e BA. Se temos três elementos, a fórmula é 3x2x1 = 6 — que é o caso do nosso nó com três. Se tivéssemos quatro elementos, a fórmula seria 4x3x2x1 = 24 combinações possíveis.
Se querem jogar na loteria, utilizem a análise fatorial!

As seis combinações possíveis de R, S, I são, portanto:

RSI  RIS
SIR  **SRI**
IRS  ISR

Destaco a combinação **SRI** — que, como veremos, deve ser lida como **S debaixo de R e R debaixo de I** — porque essa é uma combinação que Lacan escolhe. Mas logo chegaremos a isso... passo a passo.

■ ■ ■ ■ ■

Veremos que há aí uma diferença entre a abordagem de M. Bousseyroux e a de F. Schejtman. Este último trabalha, desdobra, todas as possibilidades — isto é, as seis combinações possíveis —, enquanto que M. Bousseyroux se atém àquela para a qual Lacan teria dado preferência. Nós nos adiantamos um pouco: por que Lacan dá privilégio para essa formação **SRI**? Resposta: porque é a que permite o acoplamento Simbólico + *Sinthoma*. Privilegia-se, então, o acoplamento *Sinthoma* + Simbólico, tema desdobrado em *O sinthoma* (S23).

Já que nos adiantamos, apresentamos a título antecipatório o nó com quatro, no qual se ilustra esse acoplamento entre S e *Sinthoma* (furo falso, mas no qual opera a interpretação, que é a única que dá acesso ao real para o qual apontamos no tratamento).

**Figura 2.12:** Apresentação do nó com quatro, onde se veem Simbólico e *Sinthoma* acoplados no meio; e Real e Imaginário, nas extremidades

· · · · ·

Para concluir, fazemos uma breve referência ao nó tal como o encontramos a partir da conferência de Lacan "A terceira". Nós o apresentamos da forma como foi feito por P. Valas, a partir das suas notas tomadas no decorrer da referida conferência e que podem ser encontradas em seu website.

"A terceira" situa-se bem entre *Les non-dupes...* (S21) e *RSI* (S22), e Lacan escreve muitas coisas neste nó.

Nós nos limitamos à sua apresentação, para vocês irem se familiarizando com este nó rico em escritas diversas:

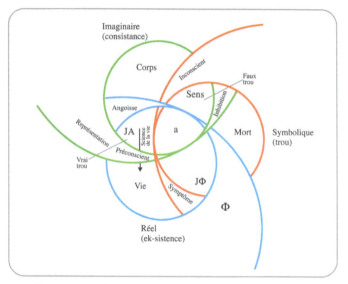

**Figura 2.13:** Nó de "A terceira", segundo a apresentação de P. Valas

Escritas diversas, com efeito:

- Os três gozos (sentido, o gozo fálico, o gozo do Outro barrado [opção por escrever gozo do Outro barrado, e não gozo do Outro]). É só a partir de *O sinthoma* (S23, **16 de dezembro de 1975**) que Lacan escreve JA̶, e não JA. Apontamos a pluralização dos gozos. O que se está dizendo quando se diz: "está em pleno gozo"? É necessário refinar e precisar em que gozo. Estar em pleno gozo da letra (Joyce, por exemplo) não é o mesmo que estar em pleno gozo do sentido (caso da enfermidade da mentalidade)... etc.;
- Ele escreve "vida", "corpo" e "morte";
- Ele escreve a especificidade: para cada registro, que eleva à segunda potência as categorias de consistência, existência e furo. Já mencionamos isso.

- Com a operação da abertura dos elos (rumo ao infinito... lembrando que a RI é um elo, pois ela se fecha no infinito), ele localiza a tríade freudiana de sintoma, angústia e inibição. O sintoma, ampliação do simbólico ao real; a angústia, extensão do real ao imaginário; e a inibição, extensão do imaginário sobre o simbólico;
- Ele escreve também o campo do Ics, do pré-consciente e do falo;
- Fica indicado o "furo verdadeiro" de JA e o furo falso do sentido.

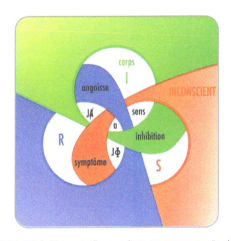

**Figura 2.14:** Nó de "A terceira" segundo outra apresentação de P. Valas

O texto de "A terceira" encontra-se, em francês, nas Atas do VII Congresso da EFP. Em castelhano[8] circularam diversas traduções.

Os desenhos que foram feitos a partir dessa conferência são variáveis. Circula uma versão onde o sintoma é apresentado como "irrupção" do Real no Simbólico...

---

[8] Nota da editora: Em português, também circulam diversas traduções de "A terceira".

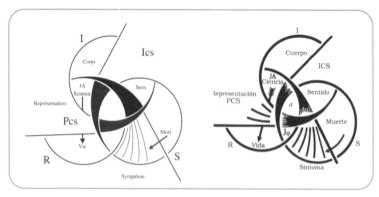

**Figura 2.15:** Nó de "A terceira" em *Atas do VII Congresso* (em francês e castelhano) e em *Intervenções e textos 2* (em castelhano)

■ ■ ■ ■ ■

## Debate

(Não se ouvem as perguntas na gravação. Só retomo os meus comentários quando eles se ordenam).

J. Chapuis: O nó borromeano com três é sempre o mesmo, e tudo isso só é diferenciado a partir de uma escrita.

X.X.: ...
R.C.: ... Diferença entre falta e furo. No real, não falta nada, e ele diz do Real, que é falta da falta, como tampão... No "Prefácio à edição inglesa do *Seminário XI*", de 1976, contudo, o elo do real tem o seu próprio furo...

Furo e falta, no entanto, não são a mesma coisa.

Temos, sim, a falta como causa do desejo; e ele vai falar do real como "falta da falta"... Ele não tampona, porque ele não tapa uma falta... mas a falta deixa, isso sim, de funcionar como causa do desejo.

O real é, assim, "falta da falta" e distingue-se da falta em jogo na dialética do desejo.

Por outro lado, o real não é o objeto $a$; o objeto $a$ não dá acesso ao real... que só se alcança quando se inscreve a "falta da falta", ou seja, quando se suspende a causa do desejo...

É o real quem tampona, ou pode ser que o simbólico tampone? Quem é o tamponado e quem é o que tampona? — pergunta-se M. Bousseyroux.

O que tampona o real é a causa do desejo... enquanto o que nos faz correr atrás do sentido da verdade no próprio tratamento analítico.

Assim, o ensinamento derradeiro, se não propõe um abandono da dimensão do desejo, ao menos implica uma mudança de perspectiva quando a orientação vai no sentido do "tratamento do gozo".

Vejam, em M. Bousseyroux, o obturador que não permite o final de uma análise: o $a$. Levem em conta que, no tratamento, o $a$ é o que está situado no lugar do analista como semblante de $a$; o que segue causando o desejo do analisante, mesmo quando já se tenha produzido a destituição do sujeito suposto saber, o atravessamento da fantasia (como é indicado no "O aturdito"). A "causa do desejo" encarnado na presença do analista pode ser um obstáculo para o final da análise (seja terapêutico, seja como passe de analisante a analista).

X.X.: ...
R.C.: Relação com o dizer. Todo um tema, que se encontra principalmente desdobrado no "O aturdito", com a sua famigerada frase: *"Qu'on dise reste oublié derrière ce qui se dit dans ce qui s'entend* / Que se diga fica esquecido por trás do que se diz naquilo que se ouve": que se diga fica esquecido por trás dos ditos... Pode-se pensar que a relação entre ditos e dizer encontra um antecedente na diferença entre enunciado e enunciação... mas não é a mesma coisa...

X.X.: ...
R.C.: A falta da falta... que falte o analista que encarna o $a$, já que o analista não só é o suporte do sujeito suposto saber, podendo também a presença do analista ficar como suporte da causa do desejo do analisante. No "O aturdito", trata-se do período em que Lacan a situa como experiência de luto, com a presença de afetos maníaco-depressivos, até fazer o luto do analista como causa do desejo. O analista causando o desejo do analisante pode então funcionar como tampão do real, como obstáculo ao final da análise: "falta a falta" que abre para a dimensão do real.

X.X.: ...
R.C.: O Ics estruturado como uma linguagem está em xeque (com a proposta do Ics como enxame de $S_1$), pois nem sequer se poderá dizer que o Ics está estruturado, se por "estrutura" se entende a articulação entre elementos — no caso, a cadeia entre significantes.

Podemos pensar em dois patamares do Ics: o Ics estruturado como uma linguagem, na interpretação, na medida em que se dá sentido... e o Ics real $S_1$, letra ou signo, isolado em si mesmo, não articulado.

Há uma espécie de molécula conformada por dois elementos: pela letra, de um lado; e, de outro, pelo gozo. Lacan, em sua "Conferência de Genebra", fala em "coalescência" — a qual está no núcleo da formação dos sintomas. Para poder pensar um final da análise, Lacan modifica a sua "concepção" do Ics. Para que haja uma conclusão — preocupação que Lacan tem desde sempre —, para concluir a análise, é preciso sair do sem-fim, da metonímia, do sentido que sempre remete ao sentido...

Para Freud, o final era o encontro com o conhecido "rochedo da castração", concebido como um real biológico e que concerne à diferença dos sexos. A rejeição do feminino tanto do lado "homem" como do lado "mulher" é algo inscrito na natureza, sustentado em um real biológico...

Como ir além desse rochedo? E além da "neurose da transferência", em que uma interpretação convoca outra interpretação, *ad infinitum*...?
Postula-se a possibilidade de um encontro, epifânico — isto é, pontual e fora de sentido —, com um elemento que não se articula, em que já não há reivindicação por uma interpretação: é "isto" e pronto!; já não convoca a produção de sentido algum.

Fim do sentido... Como se lê nos testemunhos do passe, onde às vezes é explícito esse encontro com uma unidade de gozo que não entra em cadeia alguma.

X.X.: ...
R.C.: Para o cidadão comum... Se o Ics existe, diz Lacan, ele o propõe como hipótese... se existe o Ics, ele existe fora da experiência analítica? Mas o que se pode dizer, a partir da psicanálise, desse Ics real fora da experiência analítica? Nada... ao que me parece.

X.X.: ...
R.C.: Definir o IcsR como "enxame", como *"lalíngua"*... muda a sua concepção. *Lalíngua* existe fora da experiência analítica; ela existe no uso do grupo como coletividade (cf. "O aturdito"). O que vai se depositando no uso de uma língua por um grupo... Não é por acaso que *"deux"* (dois) e *"d'eux"* (deles) são, em francês, homofônicos... Não é por acaso que *"non"* (não) e *"nom"* (nome) são homofônicos... O que quer dizer que não é por acaso?

De todo modo, ele se opõe à noção de *arbitrário* de Saussure: ele provém da experiência que um grupo teve em sua história, o que se depositou pelo uso da sua língua. Essas homofonias, esses equívocos (há três tipos deles: homofônicos, lógicos e gramaticais)... não se depositaram por acaso... eles fazem entrar algo do gozo singular dos sujeitos em *lalíngua*...

X.X.: ...

O do "nó ideal", digo eu... É como uma aspiração, porque no início ele busca um nó que não requeira o quarto elo do Pai, da realidade psíquica, do Édipo, tal como veremos quando ele escreve o que é — para ele, Lacan — o "nó freudiano". Ideal porque não se alcança. É preciso recorrer a um quarto elo... a uma operação de nomeação; e o pai é, entre outros, o que opera, na neurose, essa operação.

# 3 | O espaço do nó

Jorge Chapuis

*28 de abril de 2017*

Antes de mais nada, comunico a vocês que Rithée Cevasco não pôde vir hoje por causa de imprevistos que a seguraram em Paris. Ela me pediu para substituí-la hoje, de modo a não interromper a continuidade deste seminário.

Rithée continuará, na próxima data, com o plano previsto — isto é, o tema do lapso no nó e suas reparações, bem como a passagem do nó com três ao enodamento borromeano com quatro consistências. Com isso, o que desenvolverei hoje não é estritamente mais um passo do "passo a passo…", tal como Rithée tem pensado.

Também não me ocuparei de outros enodamentos *pseudoborromeanos* (como o nó de Joyce) ou o da fantasia. Não daria tempo…

Vou pegar apenas um ponto que me parece importante comentar, daqueles que Rithée já expôs, e submeter à consideração de vocês algumas interrogações que habitualmente me rondam nesse tema dos nós. É claro que vou responder, a partir do meu ponto de vista, às perguntas que possam surgir e vocês queiram fazer.

A minha ideia é comentar, hoje, o que poderia chamar de "o contexto" no qual toda a questão dos nós e a sua incidência clínica se desdobram, o espaço no qual mergulhamos quando lidamos com os nós.

# 1. S(UA S)UBVERSÃO[1] DO ESPAÇO TRIDIMENSIONAL

Acompanhem-me na hipótese de que podemos contar com um "espaço borromeano"; vamos ver que história é essa... A princípio poderíamos questionar o uso do termo "espaço" e nos perguntar se não seria mais apropriado falar em "campo". Façamos um uso não limitado do termo *espaço*. Normalmente entendemos por "espaço" o espaço topográfico ou geográfico no qual nos movemos; as três dimensões do espaço intuitivo que a geometria ou a arquitetura representam. Lacan nos diz que ele está "fundado na tradução que fazemos do nosso corpo em um volume sólido".

Mas "espaço" — e, mais frequentemente, "campo" — é utilizado na física para designar um conjunto de variáveis relacionadas. E esse é o nosso caso, com os três registros RSI... Em suma, sem entrar em disputas terminológicas, trata-se de algo que coloca em jogo três "consistências" interdependentes e, ao mesmo tempo, absolutamente dissimilares. Pensemos assim os nossos *espaços*.

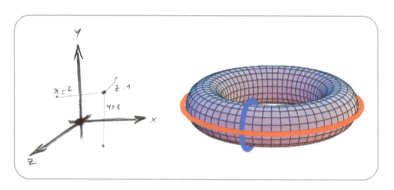

**Figura 3.1:** Espaços cartesianos

Podemos falar em "espaços cartesianos". Cada dimensão é absolutamente independente das outras, ainda que se

---

[1] Nota da editora: Em castelhano, "su-versión", que equivoca "su versión" [sua versão] e "subversión" [subversão].

possam, é claro, definir pontos ou superfícies, ou lugares, nos quais participam uma, duas ou as três. Levemos em conta que cumpre entender como "superfície" a relação de duas variáveis do nosso interesse. O toro (a superfície) neurótico, estruturado pela relação entre a sua demanda e o seu desejo.

Mas quando passamos para os nós, não falamos do "sujeito" definido em termos de I e S, com R como um impossível, mas do *parlêtre*, cujo real (que se o entenda como o do IcsR ou o de *lalíngua*) adquire a sua existência — ou ex-sistência, dependendo de como se olha. Ainda que Lacan também invoque o espaço no qual estamos imersos.

Trata-se de uma subversão, além de ser *sua-versão* (a de Lacan) da concepção do espaço. Não esqueçamos que ele entende que o espaço em que nos movemos está concebido "à imagem e semelhança" da ideia que temos do nosso corpo. E o pensamento "faz extensão". Vale a pena revisar esses parágrafos de "A terceira" (**1/nov/1974**):

> Mas tentemos, pelo menos, ver de que se trata; a saber, que nesse real se produzam corpos organizados e que esses mantenham as suas formas — assim se explica que uns corpos imaginem o universo.

Pensar o espaço nos compromete, não é inócuo e envolve o real. Em nosso campo, lidamos com o *parlêtre*, algo bem distinto, mas a respeito do qual nos engana a nossa concepção do espaço físico em que vivemos, a que concebemos nos moldes da *Figura 3.1*.

Extraio outra frase de "A terceira":

> [...] queria conduzi-los hoje ao seguinte [...]: a extensão que supomos é o espaço, o espaço que nos é comum, a saber, as três dimensões. Por que diabos ele nunca foi abordado pela via do nó?

Lidamos com um espaço "esburacado", onde "o próprio real da psicanálise está representado" (M. Bousseyroux).

Devemos deixar de lado a "matemática" (a concepção formal do espaço) da "serrilha" (*scie*) para passar para uma lógica (para uma *topo lógica*) do "travamento" (*coinçage*) — é assim que Lacan se expressa. Há grandes diferenças entre essas duas *formas*; e, com sorte, a psicanálise poderia levar a experimentar esse *espaço borromeano*.

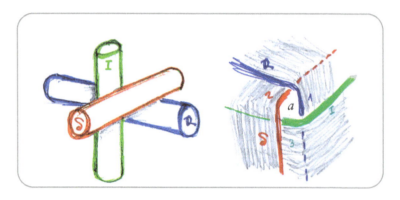

**Figura 3.2:** Espaço borromeano. As dimensões não se juntam numa origem

Qual é a diferença entre o que estrutura as três coordenadas cartesianas que organizam o nosso espaço intuitivo e a ordem borromeana dos nossos três registros? Também são três, no fim das contas, e o desenho que Lacan nos oferece — em *Mais, ainda* (*Figura 3.2*, direita) — é muito parecido...

Lacan já se interrogava no "O aturdito" (1972) sobre um "*n'espace* pra onde nos leva o discurso matemático e que exige revisão da estética de Kant".

O espaço intuitivo tridimensional fica formalizado pela geometria que chamamos de "euclidiana", formalizada com as coordenadas cartesianas, normalmente denominadas com as letras "x", "y", "z". Não vou entrar no questionamento que as geometrias não euclidianas estabelecem, porque, ainda que não respondam ao espaço intuitivo, são da ordem da *serrilha*.

Por outro lado, o espaço cartesiano está tão *travado* quanto o nosso borromeano; apontemos diretamente, porém, para a diferença fundamental...

Nos sistemas cartesianos, sempre temos um ponto em comum, precisamente o 0 (zero), a origem onde as coordenadas se "cortam" (é um modo de entender isso da "serrilha"; há outros...). Há um ponto comum às três coordenadas, uma "origem". Em nosso "campo" borromeano não há nada disso; quando muito há um *coinçage*, um calço, que os trava — e é nesse ponto que poderíamos dizer que, na origem, sempre haverá um furo: precisamente onde podemos localizar o *a*. Não há dúvida de que é um modo de tratar variedades que incorporam o furo. As nossas três consistências estão esburacadas e se *encadeiam* pelos seus furos. Nunca se pode definir um ponto comum onde se "encontrem" duas ou mais consistências (que são os nossos parâmetros, as nossas três coordenadas básicas); quando muito, pontos de "travamento", e só em algumas configurações ou escritas. Todo o jogo dos nós consiste sempre em penetrar pelos furos; eles podem nos dizer algo do *parlêtre*, evidentemente.

Nesses anos em que está mergulhado em sua investigação borromeana (época de *RSI*), ele não considera o assunto das dimensões do espaço um tema menor. Quando das conferências norte-americanas, ele expõe o assunto: conferência "O sintoma", ministrada em **1º de dezembro de 1975**. Fala das dimensões/diz-menções que considera encastrado de modo borromeano.

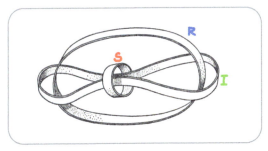

**Figura 3.3:** Forma do NBo3, apresentada na Columbia University

Ele apresenta essa forma do NBo3 (à qual acrescentei as letras identificadoras segundo o que ele expôs) e diz em "O sintoma", conferência na Columbia University (1º/dez/1975), em *Atas*...:

> Contrariamente ao que se imagina — nós que somos ambiciosos e que passamos o nosso tempo sonhando com uma quarta —, faríamos melhor em pensar no peso que tem a terceira diz-menção (a que descrevi há pouco). Cumpriria maravilhar-se com a terceira antes de fazer mais uma. Não há nada mais fácil que fazer mais uma. Quando estão todas separadas, a saber, se supomos três círculos... que estão todos à deriva, basta fazer um quarto; basta atá-lo de novo por meio de um círculo de uma maneira que isso faça um elo para que voltemos a encontrar o que constitui a consistência desses círculos. Depois de lhes ter disponibilizado, com esses nós, o dado que desemboca nesta noção de que não há espaço — de que não há mais que nós, mais exatamente —, é em função dos nós que pensamos o espaço.

## 2. A ORDEM BORROMEANA

Rithée já lhes falou do "nó trivial", que estabelece o primeiro termo desse "sistema" para tratar o furo; é este que estou segurando com as mãos (cf. diagramas na Aula 1 da *Figura 1.1*, p. 24). Esse *um* se apoia nesse "há do Um", que adquire tanta importância na última época lacaniana.

A teoria algébrica de nós (*knot theory*) nada mais é que um certo "marco" formal para aquilo que nos interessa. Como todos sabem, ela recém-começava a se formalizar na vida de Lacan (cf. *Mais, ainda*, p. 175, aula de 15 de maio de 1973), e nessa época — se me permitem um gracejo — ainda tinha muitos furos. Em todo caso, Lacan menciona alguns eixos fundamentais, como os invariantes ou o grupo nodal, sem chegar a utilizá-los.

Mas o que é isso que foi se conformando com o uso que Lacan deu e que há bem pouco vem sendo utilizado por alguns de nós para compreender a clínica?

Ressaltarei alguns pontos que mostram como está conformada a nossa limitada "subestrutura", para utilizar um termo um tanto técnico. Vale dizer que trabalhamos apenas com uma parte muito reduzida do mundo dos nós. A esta altura, existe uma definição formal do que é um nó (*knot*: variedade unidimensional R1 mergulhada num espaço R3); e também do instrumento fundamental e fundacional da teoria de nós, o diagrama do nó, o que chamamos de "sua escrita" (*diagram*: projeção em R2 de um *knot*), o nosso aplanamento (*mise-à-plat*).

O borromeano é o que restringe o amplo campo dos nós para deixar a nossa álgebra lacaniana de nós limitada apenas a uma parte. O borromeano funciona como uma "referência"; os nós nos interessam se são, foram, podem ser ou estão na origem... do encadeamento borromeano (*Brunnian link*)[2]. Esse tipo de enodamento é fundamental. Lembremos que não se trata estritamente de um "nó", mas de um tipo de encadeamento muito particular, cujas condições Rithée já comentou (cf. p. 30).

Parece que Lacan prefere ficar com o termo "nó" apesar (ou por causa) de sua ambiguidade. Desde a primeira apresentação do borromeano, ele o chama de "nó" (*nœud*) — ...*ou pior* (S19), **19 de fevereiro de 1972** —; ainda que, para sermos precisos, ele não o faça de imediato, mas o apresente como "uma coisa" (*quelque chose*) e — logo depois

---

[2]Nota do tradutor: Hermann Brunn (1862-1939) foi um matemático alemão que atuou no campo da geometria convexa. A partir de um texto seu publicado em 1892, um enlace é chamado de "brunniano" quando composto de um número de voltas que, mesmo não enlaçadas entre si, não estão livres em seu conjunto — o qual se desfaz caso alguma seja removida. Cf. BRUNN, H. (1892) Über Verkettung. In: *Sitzungsberichte der Bayerischen Akademie der Wissenschaften, mathematisch-physikalische Klasse*, 22, p. 77-99.

de descrever o modo como estão enodados (*noués*) e de associá-lo com a "cadeia significante" e a sua concatenação (*concaténation*) — termine chamando-o de "nó" (*nœud*).

Seria possível restringir o campo semântico e reservar "nó" para casos como o nó de trevo, quando uma corda se entrecruza com ela mesma. Parece-me desnecessário. Creio que basta tomar nota dessa diferença para evitar confusões, como faz Lacan em *O sinthoma* (S23), assinalando-o sem dar muita importância (**17/fev/1976**):

> Eis um nó. É o nó de trevo, ou nó de três, deduzido do nó borromeano; ele — ao contrário de seu nome, que, como todos os nomes, reflete um sentido — não é um nó, mas uma cadeia. (S23, p. 89)

Na teoria de nós, costuma-se distinguir entre *knot* (nó) — aquilo que só precisa de uma corda entrecruzada consigo mesma, como o nó de trevo — e *link* (cadeia, elo) — aquilo que precisa de mais de um elo: o NBo3 ou o NBo4, por exemplo. O caso mais geral seria uma cadeia com seus elos enlaçados. O nó borromeano é um *link* (cadeia) com seus componentes não enlaçados. Mas, no fim, quando a teoria se formaliza numa álgebra, a diferença se dilui.

- O borromeano começa no três (três elos). Não há borromeano com dois, é evidente, e o um só nos interessa por participar no enodamento borromeano. Ainda que...
- Também utilizemos o um: nós com uma só corda (como no nó de trevo) e com dois elos (como a cadeia de Whitehead) e os *pseudoborromeanos* (como a cadeia do Ego corretor de Joyce). Mas todos os nossos *cadenós* (para usar um vocábulo de J.-M. Vappereau) de algum modo sempre têm como referência o enodamento borromeano que nasce no NBo3;
- Lembremos também que qualquer nó é uma estrutura conformada por linhas fechadas (uma dimensão

de números reais com a sua cabeça mordendo a própria cauda) mergulhadas no espaço (três dimensões de números reais). Isto que podemos descrever de um modo mais ou menos simples não é um objeto matemático simples. Qualquer formalização algébrica se revelou muito complexa.

Para nós, já são de grande serventia umas cordas para fazer os nós e uns lápis para desenhá-los. Tenham sempre à mão uns barbantes coloridos; brinquem com eles e conseguirão se familiarizar com os nós, desenhando-os muitas vezes — isso é imprescindível para compreendê-los.

■ ■ ■ ■ ■

X.X. pergunta: O nó de trevo é trivial?
J. Ch.: Não, não. Mesmo que haja uma única corda e ela esteja enodada sobre si mesma, como o nó de trevo, ele já não é trivial. Pensemos o trivial como o mais simples que pode haver... Uma única corda (uma única consistência) e que possa se reduzir a um simples elo. A forma de descobrir se um diagrama qualquer corresponde a um nó trivial é ver se é possível eliminar todos os cruzamentos "movendo" as cordas. Na teoria de nós, os cruzamentos das cordas de dois diagramas têm grande importância para compará-los e classificá-los... inclusive estabeleceram-se os movimentos (chamados de "movimentos de Reidemeister"[3]) para eliminar cruzamentos sem alterar o nó... Mas, volto a dizer... a nossa *nudológica* lacaniana tem como referência o enodamento borromeano e lida com uns poucos nós... ao menos até onde ele a levou.

---

[3]Nota do tradutor: Kurt Reidemeister (1893-1971) foi um matemático alemão, professor da Universidade de Königsberg. Um "movimento de Reidemeister" é uma forma de alterar o nó conservando a isotopia — produzindo, então, nós isotópicos entre si.

▪ ▪ ▪ ▪ ▪

Há vários modos de construir, na prática, um enlaçamento borromeano. Comento dois modos muito simples:

1. O trançado, sobre o qual Rithée já havia comentado com vocês. Sobrepomos duas cordas fechadas uma sobre a outra e, com a terceira corda (aberta), as cruzamos — passando por debaixo da que está mais abaixo; depois por cima da que está mais acima e, outra vez, pela que está embaixo; e aí terminamos pela de cima e fechamos ou atamos a corda. O NBo3 é uma trança simples. Isso que eu lhes mostrei para três cordas (NBo3) vale também para quatro ou mais cordas, ainda que a coisa se complique um pouco e seja mais fácil de se equivocar;
2. O método das orelhas. Damos a uma corda fechada a forma de "orelha", e enganchamos, assim, as outras duas cordas aos lados da orelha. Esse método é muito cômodo para armar cadeias de mais de três cordas.

Há mais; porém, se conseguirmos nos familiarizar com ao menos um deles, já será um ganho e tanto. Como podem ver, esses modos de construção correspondem aos dois modos mais utilizados por Lacan para nos apresentar o nó borromeano.

Isso nos leva diretamente à terceira coisa que eu queria comentar. O lugar fundamental que ocupa, em tudo o que estamos tratando, a escrita dos nós.

### 3. A questão da escrita

Escrita... e, por conseguinte, a sua leitura.

Um nó qualquer — por exemplo, este NBo3, que tenho nas mãos —, nós podemos "escrevê-lo" de várias maneiras, como Rithée já vinha adiantando. Desde um primeiro momento, Lacan nos assinala a importância da escrita de um nó. Ele fala de "*mise-à-plat*": "aplanamento", literalmente, ou "colocação no plano". A expressão também significa aclarar, explicitar, explicar... A operação supõe "submeter-se ao pensamento pretendido, isto é, a algo colado na extensão [...] o pensamento é extensão [...] em duas dimensões, uma extensão que se possa rabiscar" (*RSI*, **18/fev/1975**).

Quando começaram a investigar seriamente os nós, desenhá-los aplanados foi fundamental: descreveram, com precisão, os movimentos para passar de uma forma a outra (Reidemeister). No aplanamento, aparece manifesto o espaço que eles "encerram" entre as suas cordas; ele tem grande importância para distinguir os nós e para o nosso uso.

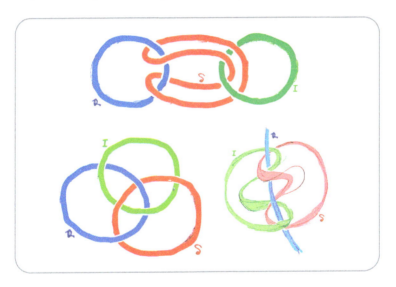

**Figura 3.4:** Três tipos de diagramas do mesmo nó borromeano, NBo3

Em todo caso, aqui a expressão parece mais adequada do que nunca, visto que, se achato esse nó — isto é, coloco-o sobre um plano —, vocês podem ver que é o mesmo que quando eu o desenho num papel onde ele fica "registrado".

Olho vivo, no entanto! Cada um desses diagramas não registra propriamente o nó, mas somente uma das possíveis versões desse nó; uma "escrita", uma das muitas possíveis. "[...] eu me encontro colocando em plano [explicitando] o que tenho que lhes comunicar do nó" (*ibidem*).

Fica claro, já desde *Les non-dupes...* (S21), que Lacan considera que ler as diversas escritas de uma cadeia borromeana será muito produtivo (**12/mar/1974**).

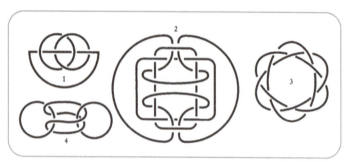

**Figura 3.5:** Escritas do NBo3 em *Les non-dupes errent* (versão AFI)

De fato, esse assunto da escrita/desenho dos nós tem grande importância no desenvolvimento da teoria algébrica de nós, cujo principal objetivo foi, durante muitos anos — e ainda continua sendo —, responder à seguinte pergunta: dois diagramas (dois aplanamentos) que têm aparências distintas podem se referir ao mesmo nó?

Então temos de aprender a escrever os nós! Assim aprenderemos a lê-los; e pode ser que eles nos digam muitas coisas que, confrontadas com a clínica, nós poderemos aproveitar... ou descartar.

Alguns exemplos... Em **11 de março de 1975**, em *RSI* (S22), ele desenha este:

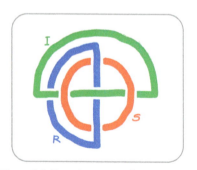

**Figura 3.6:** Um aplanamento do NBo3 em *RSI*

> [...] por que não escrevê-lo assim?, na ordem que é mais simples de escrever: o Simbólico — aqui [vermelho] é o que desenho como um elo —, o Simbólico se impondo ao Imaginário — que ponho em verde, cor da esperança. Vemos como o Real ex-siste ali sem se comprometer mais do que enodando-se com este Simbólico em particular, sem fazê-lo com o Imaginário. [...] em qualquer sentido que se façam girar esse Imaginário e esse Real, tal como estão explicitados aqui, eles sempre se cruzarão de modo a não formar cadeia.

Não vou entrar em detalhes sobre como ele segue o seu raciocínio, que conclui, justamente, pela necessidade de um quarto elo, uma conclusão fundamental: "um elo que os enode [...] É o que Freud faz e eu estou mostrando... o Nome-do-Pai em sua função radical de dar um nome às coisas". Rithée já mencionou isso e eu acredito que ela vá se ocupar detalhadamente desse passo...

Só ressalto aqui o quão produtivo resulta para Lacan ler as escrituras que ele mesmo produz.

Essa outra escrita do NBo3 é muito adequada para tratar o que se ocorreu chamar de "furo falso"... No falso furo, temos as duas orelhas desenganchadas entre si formando como que uma roda, e elas só constituem cadeia borromeana quando outro elo as engancha. Lacan comenta ser curioso o fato de que dois furos verdadeiros dobrados um sobre o outro formam um furo falso. "O dois é suspeito, há de se chegar ao três para que isso se sustente" (**2/nov/1976**). J. Lacan, "Respostas...", em *Lettres da EF*, nº 21.

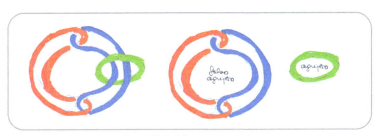

**Figura 3.7:** O furo e o furo falso

M. Bousseyroux tira muito proveito dessa forma de "roda" que revela o furo falso em seus trabalhos com o NBo4 e com mais elos. A partir desse diagrama, Lacan produz uma escrita mais esquemática: o esquema com quatro pontas.

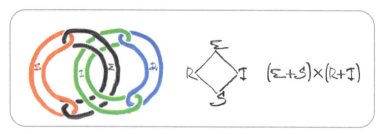

**Figura 3.8:** Diagrama, escrita esquemática e pseudoalgébrica de um NBo4

Por sua vez, esse esquema induz escritas um pouco mais simples que poderíamos chamar de "algébricas" ou "pseudoalgébricas". M. Bousseyroux escreve a forma de roda desse nó como (Σ+S)x(R+I): uma fórmula muito interessante sobre a qual podemos falar, se der tempo. F. Schejtman escreve SσIR para a forma de aplanamento com três sobrepostos (SIR) e o *sinthoma* (σ) acavalado — cf. a *Figura 3.11*, p. 100, para comparar as duas *fórmulas*.

Insisto sobre a regra fundamental de escrever/desenhar os nós, de verter nas duas dimensões do papel um dispositivo com três dimensões: as linhas que se cruzam não se cortam! É o que Rithée já mostrou (p. 35). Com essa regra de *ortografia*, fazemos "aparecer" a terceira dimensão. Usando só duas dimensões, "informamos" a respeito da terceira...

Deixo para outro momento desenvolver o tema dos elos escritos como retas que resvalam para o infinito. Nunca se pode considerar que uma reta infinita se enlaça com outra reta infinita. Isso tem grande importância nesse espaço borromeano porque é também por isso que ele se diferencia do espaço projetivo (R2), em que o infinito funciona como uma reta formada pelos pontos onde se cortam cada feixe de retas paralelas de uma direção (inclusive as paralelas que o alcançam ali se juntam).

Nosso espaço borromeano se concebe de um modo que os seus elementos são consistências (as retas infinitas ou nó trivial) que jamais se cortam/encontram entre si. O "ponto" só aparece ficcionado por um travamento com três (nunca com dois) na escrita de um aplanamento (*"mise-à-plat"*).

### 4. Quantos nós distintos de $n$ cordas?

Essa pergunta é basal na teoria algébrica de nós, a *knot theory*, que busca expressar os nós em formulações algébricas (letras, números e alguns símbolos como + ou =). A ideia é que essas *fórmulas* permitam responder a coisas como: há quantos nós borromeanos distintos com três cordas? De fato podemos encontrar nos seminários de Lacan uma discussão sobre esse assunto... e, mais do que demonstrações formais, "mostrações".

## *Há só um NBo3*

Isso significa que, de qualquer modo que se construa um nó borromeano com três componentes, sempre se trata do mesmo nó. A consequência é que qualquer diagrama/ escrita do NBo3 sempre pode se transformar em qualquer outra, sempre se trata do mesmo nó. Sempre podemos passar de uma forma a qualquer outra manipulando-o, para alcançar o número mínimo de cruzamentos alternados (um invariante primário) — sem trapacear, é claro; isto é, sem cortar cordas e emendar.

Ao que me parece, todo o assunto da orientação *levo* ou *dextro* do nó com três gira precisamente sobre a interrogação a respeito de se acaso poderia haver mais de um único nó borromeano com três, ou conseguir um modo de que haja mais de um...

Há demonstrações formais de tudo isso, mas elas são realmente muito complicadas... utilizam-se instrumentos matemáticos sofisticados como os invariantes algébricos: polinômios que podem se tratar com algoritmos automatizáveis tratáveis em computadores. Acontece que, enquanto podemos trabalhar com nós utilizando dispositivos tão cotidianos como cordas ou barbantes — como os desse *kit* — e, fundamentalmente, com os diagramas que assentamos em papel utilizando canetinhas coloridas, na realidade estamos lidando com sistemas muito complexos, cuja formalização matemática recentemente, a partir dos anos 1980, se pôde abordar de modo sólido.

■ ■ ■ ■ ■

A passagem para o nó borromeano com quatro componentes é encontrada em *RSI* (S22). Quando Lacan já tem bem assentado que os seus três registros — Simbólico, Imaginário e Real — organizam-se em enodamento borromeano, ele se depara com o fato de que o NBo3, por si só, não explica como se dá o enodamento no *parlêtre*.

Rithée vai se ocupar de explicar detalhadamente como é que se produz esse processo, que compromete a diferenciação de cada componente R, S, I e sua "nomeação". Lacan vai passar, assim, do NBo3 ao primeiro NBo4, "interpretando" em termos de nó borromeano a "realidade psíquica" de Freud. Ele constrói um NBo4 em que a "realidade psíquica" do desenvolvimento freudiano é a quarta corda, que consegue montar a cadeia borromeana com R, S, I. Com os registros (R, S, I) que localizou em Freud — ainda que ele não os tenha nomeado explicitamente — e a realidade psíquica freudiana, ele desenha/escreve esse primeiro NBo4, que é equivalente ao nó *"pépère"* (confortável, cômodo): o nó do *Sinthoma*.

Se eu não me engano, e ninguém tiver encontrado outra coisa, este será o NBo4 que Lacan escreve — com diagramas de distintas formas — em todas as suas apresentações... em *RSI* (S22), no *O sinthoma* (S23), na "Conferência em Yale", em *L'insu...* (S24):

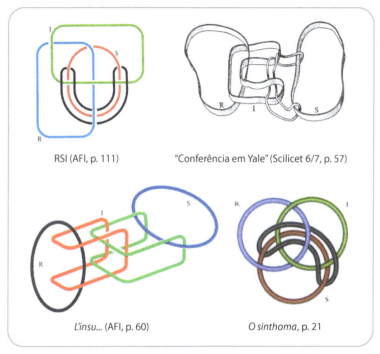

RSI (AFI, p. 111)  "Conferência em Yale" (Scilicet 6/7, p. 57)

L'insu... (AFI, p. 60)  *O sinthoma*, p. 21

**Figura 3.9:** Distintos diagramas do NBo4 desenhado por Lacan

Todos os seus diagramas trazem o mesmo NBo4, não parece haver dúvida quanto a isso. Seja qual for a forma como ele escreve — e ele desenha muitas formas distintas —, sempre se trata do mesmo nó. Então... há um só NBo4?

## Há dois NBo4 distintos

E por que ele desenha sempre o mesmo, então? Como vocês sabem, ao final de *RSI* (S22), Lacan anuncia o seu próximo seminário como *4, 5, 6* — seminário que ele não ministrou, já que ditou *O sinthoma* (S23). Com *4, 5, 6* ele se referia aos NBo4, NBo5, NBo6. Não sabemos se ele teria utilizado ali o nó borromeano com quatro, que podemos chamar de *alternativo*. Ainda que sem desenhar o diagrama de cordas dessa cadeia, ele no entanto a indica falando em "nomeação imaginária", com o esqueminha de quatro vértices (**13 de maio de 1975**, ver p. 147 deste livro):

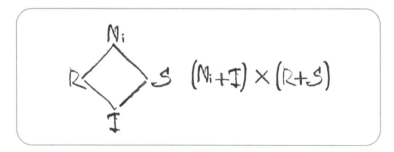

**Figura 3.10:** Esquema da nomeação imaginaria em *RSI* (S22)

Eu o escrevo aqui, aliás, utilizando a forma sintética utilizada por M. Bousseyroux.

Não dá tempo para entrar no comentário dessas incógnitas, que têm lá os seus meandros — e certamente Rithée vai desenvolvê-las. Adianto apenas que tanto M. Bousseyroux quanto F. Schejtman, nossas duas referências, utilizam este outro NBo4 *alternativo* para falar de outros tipos de enodamentos/nomeações possíveis.

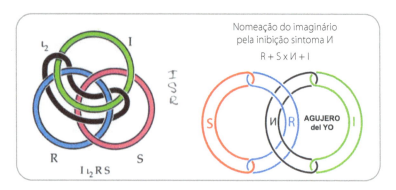

**Figura 3.11:** NBo4 "alternativo" em F. Schejtman e em M. Bousseyroux

Eles não abordam de forma igual a questão da escrita desses nós, ou seja, eles não operam com os diagramas do mesmo modo — definindo, inclusive, formas *algébricas* distintas, mas não discordantes. M. Bousseiroux: (И+I) x(R+S); F. Schejtman, esta outra: Iι2RS.

F. Schejtman utiliza as formas com R, S e I empilhadas e a quarta corda — que, nomeando-as, as encadeia. Dá ênfase, assim, em investigar todos os empilhamentos possíveis dos elos e a posição da quarta corda, que localizaria, *après coup*, uma hipotética falha/lapso no nó. Ele fala em três nomeações possíveis: sigma (σ) para o sintoma, iota (ι) para a inibição e alfa (α) para a angústia.

M. Bousseyroux utiliza a representação de duas orelhas formando duas rodas — como eu comentava anteriormente — para assentar uma nomeação para a inibição, que ele escreve com o equivalente ao I em cirílico (И). Insisto, esta escrita me parece muito ilustrativa e pode-se escrever mais sinteticamente.

Os dois exemplos gráficos que lhes trago nos levam a tratar, do ponto de vista da escrita borromeana, o tema de "Inibição, sintoma e angústia" — a tríade freudiana que Lacan torna a revitalizar com os nós; a revisar ou, como agora se diz, a revisitar.

## 4. Inibição, Sintoma e Angústia

Já na primeira aula de *RSI* (S22) Lacan retorna ao artigo de Freud e adscreve a inibição ao imaginário (assunto de corpo), que se imiscui no furo do Simbólico. O sintoma, como intrusão do simbólico no furo do Real; e a angústia, que parte do real. Na realidade, cada termo se "intromete", comprometendo o furo dos outros dois. A "intrusão" se mostra, no NBo3, como fixando um campo definido ao desdobrar cada registro para conformar uma reta ao infinito. Os desenhos desse dia, **10 de dezembro de 1974**, comprovam isso muito bem:

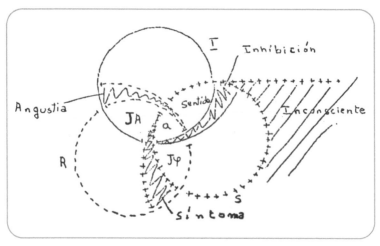

Figura 3.12. J. Lacan. *Seminário 22, R.S.I.*, 10/12/1974

Assim, ficam localizadas umas "zonas" correspondentes à Inibição, ao Sintoma e à Angústia, como sendo associadas ao desdobramento das cordas correspondentes aos registros Imaginário, Real e Simbólico. Elas podem ser vistas no esquema de "A terceira" que aparece, na sessão anterior, com todas as marcações (cf. p. 76).

Simplificando muito o que veremos com Rithée "passo a passo...", pode-se dizer que Lacan se depara com o fato de que o enlace borromeano necessitava de uma operação que o produzisse, que essa operação implica a *dit-mansion* (diz-mansão)... Trata-se de uma nomeação (chamar as coisas pelo nome) que acarretava, como resíduo, o sintoma e o Inc... então é escusado considerar um "desdobramento" da corda do Simbólico/sintoma/Inc que assegura (ou teria produzido) o enlace quando os três R, S, I estavam soltos... formando-se, assim, o NBo4 dos neuróticos, cujo efeito colateral é precisamente o sintoma. O enodador responde pelo lado do Simbólico ao Nome-do-Pai, e o sintoma se consolida em sua função de encadeamento, ainda sem diferenciar em *RSI* como *Sinthoma* em sua ortografia posterior.

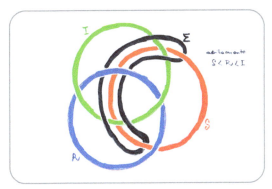

**Figura 3.13:** NBo4 enodado mediante o *Sinthoma* [Σ]

Então já temos o nó borromeano com quatro cordas, o NBo4, em que o *Sinthoma* garante o enodamento "redobrando" o Simbólico.

O processo passou de escrever em nós o que a clínica expõe, e então ler o escrito nesses diagramas, voltando a contrastar o conseguido com observações clínicas — algo que me parece muito importante observar —; isso o leva a encontrar, ou a conformar, a hipótese sobre a estrutura.

Vocês se lembram de que tínhamos visto que havia dois NBo4 diferentes... Qual deles é o que se consegue redobrando o anel do Simbólico? Trata-se do nó *pépère* ou daquele que, há pouco, chamei de *alternativo*?

Ora, depende... Depende de como se tenha estabelecido o empilhamento das cordas S, R, I antes de trançá-los com a quarta corda... Teremos, assim, o *Sinthoma* ou outras nomeações alternativas. Nas próximas sessões, Rithée vai comentar a importância da ordem do empilhamento e vai apontar que de baixo para cima — S<R<I — era a escolha de Lacan. Então, ao "acavalar" o Simbólico, partindo de um empilhamento SRI (*Figura 3.12*), temos o Nbo4 que Lacan sempre desenhou, o único que ele desenhou de diversas maneiras. Com isso, basta inverter duas letras da sequência do empilhamento (por exemplo: R<S<I) para obter o NBo4 *alternativo*.

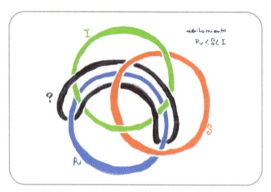

**Figura 3.14.** NBo4 enodado mediante um anel sem especificar

E é preciso seguir a regra para essa escrita (começar por baixo do que está mais abaixo etc. etc.). É preciso não se equivocar ao desenhar o acavalamento porque poderíamos deixar um solto, como acontece com Lacan (*RSI*, S22, **11/02/1975**), ainda que ele tire grande proveito desse seu lapso... Logo verão, passo a passo...

Vamos dar uma pirueta e enfocar o assunto dos dois nós NBo4 por um outro lado.

Vimos o "desdobramento" de S para situar o *Sinthoma*: nomeação pelo lado do sintoma.

Por que não desdobrar I ou R para situar um quarto anel enodador, que corresponderia à Inibição e à Angústia? O assunto havia ficado em aberto ao final de *RSI* (S22)... ainda que possamos imaginar que, caso ele tivesse ministrado o seminário *4, 5, 6,* teríamos algo aí...

Em todo caso, M. Bousseyroux e F. Schejtman, nossas duas referências, exploraram essas vias. Cumpre dizer que eles diferem no modo de abordá-la e também confluem em muitos pontos. Fundamentalmente, confluem em falar de *Nomeação pela Inibição* e *Nomeação pela Angústia*, ainda que pensem as duas de maneira diferente e tenham distintos modos de ilustrar vinhetas clínicas.

X.X. pergunta: Tem nó borromeano com mais de quatro?
J. Ch: Que tem, tem... vocês já viram aquele de treze elos da *Figura 6* de *Mais, ainda* (S20), que não era de todo borromeano. Olhem o Anexo IV da versão AFI de *RSI* (S22). Ali se "mostra" o erro da *Figura 6* e há vários desenhos do NBo3.

De todo modo, Lacan não foi além do NBo4; ele diz explicitamente algo sobre isso no *O sinthoma* (S23), inclusive. F. Schejtman acha justificado não ir além do nó com quatro; ele se detém no NBo4 — sem excluir totalmente um além do quatro. Em contrapartida, M. Bousseyroux se arrisca com alguns nós com cinco e com seis elos, e deles tira proveito ┼ aplicando-os, inclusive, a diversos casos.

Posso lhes mostrar dois exemplos tirados de *Au risque de la topologie et de la poésie*. Eu os colori para poder entendê-los melhor. Reparem que Bousseyroux os apresenta como enlaçados borromeamente a três, onde alguns elos (dois no primeiro caso e três no segundo) estão conformados por rodas de orelhas enlaçadas — mas, cuidado!, nunca enganchadas entre si de modo olímpico. Em todo caso, a cadeia de cinco e a de seis satisfazem a condição borromeana de que todos se soltam se cortamos qualquer elo.

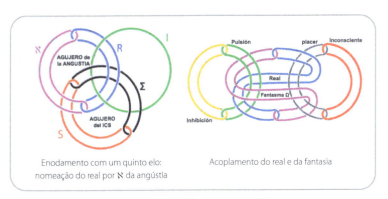

**Figura 3.15:** NBo5 e NBo6 com usos distintos

Quanto à quantidade precisa de NBo5 e Nbo6 distintos, agora não sei bem, mas certamente há mais de dois.

## 5. MOVIMENTOS/ESCRITAS *VERSUS* CORTE/EMENDA

Termino com uma indagação que, a meu ver, afeta toda essa prática e clínica dos nós. Ao menos, serve-me para manter o objetivo da sua aplicação clínica quando me enredo por entre essas cordas borromeanas. Se a estruturação do *parlêtre* é com nós (não gosto nada do termo *nodal* porque se refere a *nodo*, que corresponde a um conceito preciso da teoria de grafos, bem diferente de nó, cadeia ou cadenó) —, falamos do nó de Joyce, do nó da "realidade psíquica" de Freud, do nó *"pépère"*, do nó da paranoia... —, como é que se "refletem" ou "aparecem" no nó a experiência da análise ou outras experiências que afetam o *parlêtre*? O que acontece no nó quando há efeitos clínicos?

Há duas vias de manipular um nó físico, dois modos que são radicalmente distintos, mas não sei bem se são tão radicalmente diferenciáveis na própria clínica:

- **Mudança de escrita:** Isso seria como se, a partir de um nó escrito de certo modo, nós o alçássemos a três dimensões, o manipulássemos e voltássemos a colocá-lo aplanado (*mis-à-plat*) de outro modo... Houve uma transformação; mas a estrutura do nó, propriamente, não mudou. F. Schejtman diz algo sobre isso (ele o chama de mudança de papéis e *swinging*), mas em nosso texto de referência me parece que ele não o especifica muito num sentido clínico. Em termos de diagrama/escrita, nós nos mantemos dentro do que tecnicamente se chama de *isotopia*; e os movimentos permitidos são os chamados "movimentos de Reidemeister".
- **Mudança de enodamento:** Nesse caso, trata-se de mudar o próprio nó. Na prática, para passar de um nó ao outro seria preciso cortar o elo e voltar a uni-lo, atravessando uma corda. Representado na escrita, trata-se daquilo que chamamos de *lapso*;

num cruzamento qualquer, invertemos as cordas — a de cima passa para baixo e vice-versa. É um procedimento que, na teoria de nós, fica associado ao que se chama de *homotopia*. Assim se consegue, por exemplo, o "borromeano generalizado".

Então... há diferença clínica entre esses dois *movimentos*? E, caso haja, é uma diferença clínica radical?

# 4 | Lapsos e suplências

*15 de maio de 2017*

Antes de mais nada, peço desculpas pela minha ausência na aula anterior. Agradeço a Jorge Chapuis, que fez a gentileza de me substituir... e tenho certeza de que vocês aproveitaram muito com a intervenção dele. Por outra parte, adianto alguns pontos que seguiremos agora, passo a passo...

Evoco, para retomar o fio, o que foi desenvolvido em minhas duas primeiras intervenções: apresentei a PRÉ-HISTÓRIA DO NÓ RSI (primeira parte de nosso programa). Momento em que Lacan utiliza o método dos nós para a cadeia significante. Momento clínico em que ele reflete sobre a psicose a partir do nó borromeano e sobre a neurose a partir dos nós olímpicos. Momento em que ele ainda considera os seus nós como metáforas da estrutura do *falasser* — e não com o estatuto de real, que lhe dará em seguida: o nó é real, não só o elo do real.

Isso correspondeu ao desenvolvimento, então, da primeira parte do nosso programa.

Na segunda intervenção, terminamos com este programa com dois pontos-chave:

- o exame do erro da *Figura 6* de *Mais, ainda* (S20);
- a ênfase dada à citação de *Les non-dupes...* (S21), no qual Lacan produz um giro importante; citação que comentamos (cf. p. 57): no Ics não há cadeias de significantes, mas enxame de $S_1$. É com esse giro como contexto que Lacan passa a "aplicar" o método dos nós a RSI, a partir de *Les non-dupes...* (S21) — para

então prosseguir nos outros seminários. Iniciamos a apresentação do nó com três, RSI, tendo os seus elos "nomeados", identificados com letra e cor. Concluímos com uma rápida ilustração do nó de "A terceira", rico em sugestões clínicas; com a escrita dos gozos, da tríade freudiana (inibição, sintoma e angústia)... e mais.

Insisto em destacar, portanto, esta data — **11 de dezembro de 1973** — de *Les non-dupes...* (S21):

- quando Lacan associa o nó com RSI, coisa que ele não havia feito antes, nem em *...ou pior* (S19), nem em *Mais, ainda* (S20);
- quando ele diz o que encontram na longa citação que ele reproduz na segunda intervenção, e que ilustra claramente o giro do Ics-linguagem ao Ics-*lalíngua*.

■ ■ ■ ■ ■

Detive-me também — em parte, não de maneira exaustiva — nas três primeiras aulas de *Les non-dupes...* (S21). Voltaremos a elas, pois há aí uma proposta das modalidades nodais do amor (o amor divino, o amor cortês e o masoquismo), que têm todo o seu interesse e às quais dedicarei uma atenção na segunda "rodada" deste seminário.

Lacan se detém sobre o novo tipo de espaço que supõe o uso dos nós. Creio que J. Chapuis tenha falado disso. Lacan fala do *"n'espace"*. Com essa abordagem, ele faz uma crítica da estética transcendental de Kant, em particular das categorias *a priori* do espaço e do tempo.

Terminei a segunda intervenção de fevereiro com uma rápida apresentação do nó tal como ele aparece em "A terceira".

Hoje, com a ajuda de Jorge Chapuis, utilizaremos a lousa para projetar os nós sobre os quais vamos trabalhar.

Encontramos esta solução, com Jorge, porque me é muito difícil ir reproduzindo com firmeza, nessa lousa tão escorregadia, os traços dos nós...

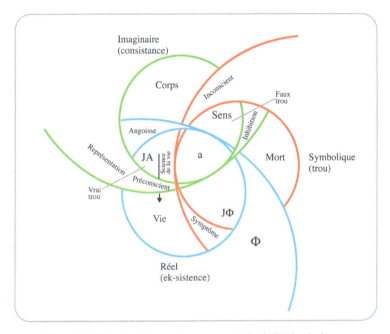

**Figura 4.1:** Nó aplanado segundo a apresentação de P. Valas. Esclareço que só a partir de *O sinthoma* (S23) Lacan escreve J‌A̶, e não JA

Ou seja, que, a partir de agora, temos a versão visual projetada dos nós que vamos tratando, examinando e comentando. Antes de mais nada, então, temos projetado o nó de "A terceira" (apresentado ao final da segunda intervenção). Já se vê a projeção do nó aplanado na forma confeccionada por P. Valas, a partir das suas notas e tendo assistido a essa conferência em Roma.

Eu lhes disse que havia outra apresentação onde R entra em S. Está citada em Schejtman (p. 58), e é a seguinte:

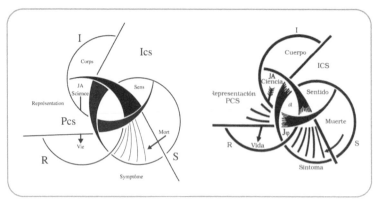

**Figura 4.2:** Nó de "A terceira" em *Atas do VII Congresso* (em francês e castelhano) e em *Intervenções e textos 2* (em castelhano)

A partir disso, Lacan diz:

> Aqui está ela tal como se apresenta no aplanamento do nó borromeano (Fig. 7). O sintoma é irrupção dessa anomalia que é aquilo em que consiste o gozo fálico, na medida em que aí se estende, se arvora essa falta fundamental que eu qualifico como não relação sexual. É na medida em que, na interpretação, é unicamente sobre o significante que recai a intervenção analítica, que algo do campo do sintoma pode recuar. É aqui no simbólico — o simbólico na medida em que é lalíngua, é lalíngua que o suporta — que o saber inscrito de lalíngua — que constitui, propriamente falando, o inconsciente — se elabora; que ele se impõe ao sintoma... o que não impede que o círculo ali marcado com S corresponda a algo que, desse saber, nunca será reduzido, isto é, a saber: o *Urverdrängt* de Freud; aquilo que, do inconsciente, nunca será interpretado. ("A terceira", em *Atas...*, p. 183)

"A terceira" é um texto que se situa — como dissemos — bem no final de *Les non-dupes...* (S21) e no começo do seminário *RSI* (S22). Está publicada em francês nas *Atas do V Congresso da EFP*, onde também se encontra a "Entrevista do Dr. Lacan à imprensa". Em castelhano, uma versão dessas *Atas* se encontra publicada pelas edições Petrel, em 1980, em Barcelona.

Ainda no final da primeira intervenção, apontamos rapidamente tudo o que esse nó escreve. Só insisto a respeito da localização dos três gozos, a localização dos gozos (já pluralizados).

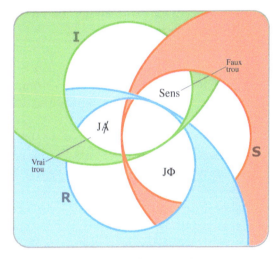

**Figura 4.3:** Diagrama a partir do nó de "A terceira" nas *Atas do VII Congresso* (em francês e castelhano) e em *Intervenções e textos 2* (em castelhano)

Assinalo a especificidade do gozo do Outro barrado — que eu escrevo JA̶, como Lacan faz a partir de *O sinthoma* (S23) — e assinalo, também, que Lacan dirá que esse é o verdadeiro furo da estrutura, ao passo que... intuitivamente — algo que eu verifiquei mais de uma vez —, tende-se a situar o "furo verdadeiro" no lugar do *a*... mas não é o caso. E isso torna a nos levar ao comentário que eu fazia na segunda intervenção, a respeito da leitura da falta da falta como tampão do real. Vejam a *Figura 4.1*, da p. 111, onde está indicado o furo verdadeiro entre R/I e o furo falso em S/I, lugar do sentido.

A tríade freudiana (inibição, sintoma e angústia) fica localizada pela abertura de cada um dos elos. Abertura pela qual uma consistência "entra no campo"; estende-se, por assim dizer, no furo de outra consistência contígua — cf. também a apresentação, em *RSI* (S22), mostrada por J. Chapuis (terceira intervenção, p. 102).

Essa abertura do elo não remete a um corte, visto que a extremidade que fica solta, supõe-se que ela se encontre, no infinito, com o outro extremo do elo (cf. nossa referência à Reta Infinita na primeira intervenção, p. 25). Vemos, então, que no nó aplanado — tanto na apresentação de P. Valas, p. 111, como na do *RSI*, na p. 102 —, a abertura de S se estende sobre R (lugar do sintoma e "efeito do simbólico no real"). A abertura de R se estende sobre I (lugar da angústia) e a abertura de I se estende sobre S (lugar da inibição). Mas quanto ao sintoma, é preciso considerar a exceção que está na outra apresentação de "A terceira" (registrada nas *Atas...*, p. 120, e em *Intervenções e textos 2*, p. 104), onde R se estende sobre S. Fabián Schejtman (p. 58) explica que Lacan situa, dessa maneira, a localização da interpretação. Ele apresenta o nó de "A terceira" com o sintoma como extensão de R em S e cita: "Na medida em que, na interpretação, a intervenção analítica recai unicamente sobre o significante, algo do campo do sintoma retrocede". A citação e o nó são de *Intervenções e textos 2*.

Quando passarmos ao nó com quatro, voltaremos a nos encontrar com essa tríade tão valiosa do ponto de vista clínico e que adquirirá outro valor: tanto o sintoma quanto a angústia e a inibição corresponderão a um quarto elo enodando R, S e I (empilhados, soltos), que correspondem respectivamente a uma nomeação simbólica, uma real e uma imaginária.

Cada um desses três elementos adquirirá, assim, o valor de um "*sinthoma*", de uma nomeação. Essa proposta é a que encontramos, em parte, no final de *RSI* (S22); e passo a passo chegaremos a isso...

Prestemos atenção ao que ele escreve no furo de cada um dos elos. No furo do Real, ele escreve "vida"... o que nos deixa um tanto na incerteza, pois, com efeito, o que é a vida? Podemos pensar que a vida, numa definição mínima, opõe-se à morte — essa morte que ele escreve no elo do simbólico. Operação do simbólico como efeito da morte da coisa que opera a linguagem, "o assassinato" da coisa, como se expressava Lacan em *Os escritos técnicos de Freud* (S1). Lembrem-se da alusão ao elefante, elefante que se encontra na capa desse seminário.

No furo do imaginário, vocês têm o corpo, mas é preciso levar em conta que o corpo é aqui tomado como uma consistência, como uma forma consistente: não é o corpo especular do espelho... é isso que é feito "para gozar", esse corpo que temos (não que somos) e "de que se goza". Corpo que é o suporte da única substância que a psicanálise leva em consideração, a substância de gozo.

A abertura dos elos serve para Lacan inscrever o campo do Ics, do pré-consciente e do falo.

O falo se inscreve no prolongamento da angústia; o Ics, no prolongamento do sintoma; e o pré-consciente, no prolongamento da inibição.

O nó de "A terceira", como vocês bem podem apreciar, é rico em avanços de categorias de Lacan...

Deixemos isso de lado... por enquanto...

■ ■ ■ ■ ■

Anunciamos esta quarta intervenção com a imagem do nó com quatro que eu já apresentei na segunda sessão (cf. *Figura 2.12* da segunda intervenção, p. 75). Embora ainda não tenhamos chegado aí, eu me adiantei para ir assinalando a importância que Lacan concede a essa apresentação, na qual se destaca *o acoplamento entre o simbólico e o sintoma*. É assim que ele o apresenta no seminário *O sinthoma* (S23), na sua aula de **18 de novembro** de 1975. Faço isso apenas para destacar a incidência dessa apresentação na direção do tratamento, pois esse acoplamento entre S e sintoma assinala o lugar onde a interpretação analítica opera.

M. Bousseyroux afirma que "esse quarto elo do sintoma só pode se acoplar com o simbólico" e Lacan concede uma importância fundamental a esse acoplamento entre o sintoma e o simbólico associado ao Ics... Não se esqueçam de que o elo do real nunca corresponde ao Ics, mesmo que falemos em Ics "real"... Isso é um problema? Não sei... ainda... Talvez não, se o *parlêtre* é entendido como o nome do Ics — coisa que, creio eu, Lacan menciona em algum lugar.

Numa das suas conferências nos Estados Unidos, Lacan precisa que o Sintoma e o Simbólico acoplam-se numa circularidade que a interpretação pode alimentar sem solução de continuidade em torno do que ele chama de "furo falso".

Em contrapartida, o acoplamento Real e Imaginário será considerado o "verdadeiro" furo da estrutura: o furo do gozo do Outro barrado (J$\cancel{A}$), que se verifica como efetivamente Real a partir de uma operação no nível do Sintoma/Simbólico. Em resumo, o "furo falso" (poderíamos evocar "a verdade sempre mentirosa"?) é a única via que permite verificar o efetivamente real, o real, o furo verdadeiro como real. O *sinthoma*, em seu acoplamento com o real, "é o que permite a verificação da estrutura" — assim se expressa M. Bousseyroux.

■ ■ ■ ■ ■

Depois dessa breve introdução, continuamos agora o itinerário do nosso passo a passo e vamos entrar no seminário *RSI* (S22), quando — como diz M. Bousseyroux — "Lacan põe a psicanálise à prova do borromeano".

Passaremos pela apresentação do nó com três, para ir vendo como Lacan o abandona. Era a sua aposta no início:

fazer sem o quarto, que remete à função do Édipo e o pai em Freud — que ele considera um recurso "segundo a religião".

Mas ele tem de abandoná-lo, porque, sem operação de nomeação — atribuída por Lacan, agora, como sendo a função específica do pai lacaniano, diremos —, não tem jeito de discriminar, no nó, quem é quem; isto é, qual elo corresponde a uma ou a outra das categorias do R, do S ou do I.

A nomeação será aquilo que se produzirá com a passagem do nó com três ao nó com quatro, isto é, adicionando ao RSI a dimensão do sintoma/*sinthoma*. Sem essa discriminação pela via da nomeação, "cai-se" na indistinção dos três elos, indistinção que Lacan apresenta na forma do nó de trevo, com uma consistência só. Sem nomeação, portanto, caímos na colocação em continuidade do nó de trevo, que caracteriza a paranoia — ou seja, a enfermidade da indistinção entre as três diz-mansões do *parlêtre*: real, imaginário e simbólico.

Vão se impor a Lacan voltar a Freud e a consideração de um quarto elo. Freud é quem lhe proporciona a pista que culminará na construção do nó lacaniano com quatro elos.

■ ■ ■ ■ ■

Um pequeno esclarecimento: se eu estou escrevendo sintoma/*sinthoma*, por enquanto, é porque Lacan ainda não recorreu, em *RSI* (S22), à sua nova escrita (*sinthoma*), mas já faz alusão ao sintoma em sua função de enodamento, função que é a que se assimilará ao "*sinthoma*".

Com efeito, a mudança de ortografia não é um mero jogo, e sim algo que permite diferenciar entre o sintoma como função de gozo e o *sinthoma* como função de enodamento. Em *RSI* (S22), só encontramos a escrita clássica do "sintoma" (*symptôme*), ainda que já comece a ser esboçado esse novo valor do sintoma (bem como da angústia e da inibição) como "*sinthoma*", quer dizer, como função de enodamento.

·····

Para seguir o itinerário do nó com três ao nó com quatro, é preciso, antes, se deter naquilo que se identifica como "lapso" (falha, falência) do nó borromeano com três — lapso que implica o seu desnodamento.

O lapso do nó deve ser concebido paralelamente às suplências que o corrigem... segundo a particular "cirurgia" do nó borromeano. Veremos que a passagem ao nó borromeano com quatro — isto é, a introdução do "sintoma/*sinthoma*" — é como que uma "solução", uma "reparação", uma "correção" de um determinado lapso do nó, e não de outro.

Veremos também como a posição do quarto elo como sintoma/*sinthoma* não se situa da mesma maneira que o quarto elo do "nó freudiano" construído segundo Lacan.

A hipótese lacaniana que se encontra na base do seminário *RSI* (S22) não é a mesma hipótese de base que a freudiana, pois elas não partem do mesmo "lapso" de nó.

·····

<u>Adendo</u>: Já que falamos de suplências, parece-me útil recordar a maneira como M. Bousseyroux declina as diversas formas de suplências e confecciona assim a seguinte listagem:

- pelo **sentido** (é o ponto onde, por assim dizer, todos deliramos...). O sentido, como vimos, situa-se entre S e I;
- a **função fálica** (suplência, sem dúvida, do real como impossível de escrever a proporção/relação sexual);
- o **amor** (no seminário *Les non-dupes...* [S21], Lacan se detém no exame dos nós do amor com o método borromeano, até propor o que seria o nó que J. Allouch chama de "o amor Lacan", que

examinaremos na primeira intervenção do volume 2 do nosso *Passo a passo*);
- a **fantasia** (relação do sujeito com o objeto que, com o método dos nós, escreve-se como um enlace a dois e assume a forma de uma cadeia de Whitehead), e que M. Bousseyroux trabalhará também na forma de um nó borromeano de seis elos;
- o **"não todo"**... Aqui caberia interrogar-se em que sentido entendê-lo. Para esta ocasião, prefiro lhe dar o sentido amplo, o que se aplica tanto ao fato de que "Não há metalinguagem" quanto ao "não há universo do discurso, não há Outro do Outro". Entendê-lo como o gozo suplementar adjudicado ao gozo "feminino" me parece mais problemático, pois ele é suplência, assim como também o é o gozo fálico;
- e, por fim, o **sintoma** (com a nossa antecipação da escrita como *sinthoma*), no qual nos deteremos mais especificamente nessa parte do seminário com o nó com quatro.

▪ ▪ ▪ ▪ ▪

Quando Lacan constrói o seu nó RSI, ele parte da opção de proceder a partir de um nó borromeano "à mínima" (forma que comentei como sendo o "nó ideal" de que Lacan parte).

Como ele o constrói? O simbólico está por cima do imaginário e o real passa por cima do simbólico e por baixo do imaginário. Aplicamos a regra de fabricação do nó com a sua ortografia de "por baixo" e "por cima", mas agora temos os elos identificados com letras e/ou cores:

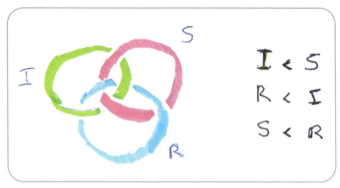

**Figura 4.4:** Nó borromeano com cores e letras

Lacan deixa, então, de considerar um nó com três que eu chamo de "ideal" — aquele que prescindiria do recurso ao pai.

Esse é como que uma primeira tentativa de Lacan de "dispensar o pai". Mais para frente, já no *O sinthoma* (S23) e depois de ter tido de recorrer a um nó com quatro — isto é, à função de nomeação do *sinthoma* —, ele então poderá afirmar que "se pode dispensá-lo [o pai], com a condição de servir-se dele". É um dispensar o pai, mas que passa por ele e dele se serve... para o caso da neurose. Para a psicose, o quarto nó é forçosamente um *sinthoma* pai, não é o nó "*pépère*" (confortável) da neurose.

Já falamos da "cirurgia do nó borromeano", feita de uma falha — um lapso — que será corrigida, reparada com uma suplência.

Sintoma, angústia e inibição virão a ser formas de reparações de algum tipo de lapso particular... como veremos. Lacan e Freud não partem do mesmo tipo de "lapso" do nó e aquilo que o repara; e então, em particular, os recursos ao pai não são equivalentes em Freud e em Lacan. Logo se poderá precisar, adiante, essa questão, quando possamos distinguir entre o "nó freudiano" que Lacan propõe e o seu próprio nó com quatro, com o sintoma/*sinthoma*.

Passo a passo...
O primeiro que temos de introduzir é a noção de "lapso" do nó borromeano.
Na realidade, o método borromeano nos faz partir de um princípio (M. Bousseyroux fala em "axioma") concernente à estrutura do *parlêtre*: todo *parlêtre* implica as diz-mansões R, S e I. E o que confere sua especificidade à estrutura do *parlêtre* é a resposta singular de cada um, um a um — a quarta dimensão introduzida pelo sintoma/*sinthoma*.
Essa noção de *sinthoma* como suplência traz como corolário implícito a noção de "lapso". E, em primeiro lugar, o lapso (há diversos) no próprio nó de base RSI, que deixa soltas as três diz-menções — falha básica (e genérica...), pois acaso se poderia falar de um *parlêtre* onde RSI estivessem, os três, totalmente desnodados ou desenlaçados? Parece-me que não... exceto se pudermos sustentar a hipótese de que é o que ocorre no caso do autismo extremo...
Vou me deter, pois, no exame dos lapsos possíveis do nó com três de *RSI*, pois o exame dessas formas de lapso nos introduzem nas formas de suplência requeridas. O passo que daremos será, então, ir do lapso... aos seus modos de reparação. É claro que se pode fazer o caminho inverso: partir da localização da suplência sintoma/*sinthoma* para aí deduzir qual é o lapso de nó que ela repara.
Entendemos por "lapso" do nó aquilo que acontece quando cometemos um "erro de ortografia", por assim dizer, na escrita do nó inicial — o que apresentamos aqui na *Figura 4.4*, p. 120. Há erros de ortografia que modificam o nó: este se desencadeia e os três registros ficam "empilhados", soltos, sobrepostos. Isso ocorre quando o erro é cometido nos dois pontos de cruzamento de um dos elos. Ou então, se o erro se comete num só ponto de intersecção, também há perda da propriedade borromeana, mas dois ficam enlaçados e o terceiro, solto (tal é, por exemplo, o caso de Joyce, como vimos — em que R e S estão, no começo, enlaçados).

Temos, no nó "clássico" borromeano — poderia haver outras apresentações e diferentes pontos de cruzamento; deixo de lado, por enquanto, essa possibilidade —, ou seja, no que apresentamos na *Figura 4.3*, seis pontos de cruzamento:

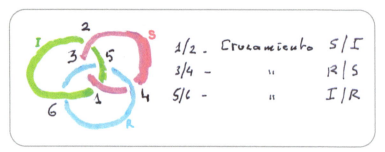

**Figura 4.5:** Pontos de cruzamento / possíveis "lapsos"

Se a falta de ortografia é cometida nos dois pontos de cruzamento de qualquer um dos elos com um outro, temos três possibilidades, três tipos de "lapso":

- **Lapso (a):** Erro de ortografia em 1/2, ou seja, nos pontos de intersecção do Simbólico com o Imaginário. O simbólico deixa de passar por cima do imaginário e passa por baixo; como consequência, os três elos se desnodam e ficam empilhados, sobrepostos, como S<R<I (que se lê: S fica debaixo de R; e R, debaixo de I).

**Figura 4.6:** Lapso (a)

- **Lapso (b):** Erro nos pontos de intersecção 3/4, ou seja, nos pontos de cruzamento do Real com o Simbólico. R já não passa por cima de S. Consequência: desnodamento e empilhamento R< I<S.

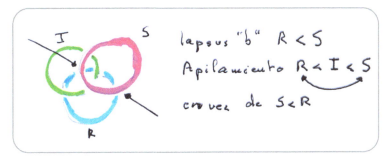

**Figura 4.7:** Lapso (b)

- **Lapso (c):** Erro em 5/6. O Imaginário já não passa por baixo do real. Consequência: desnodamento e empilhamento I<S<R.

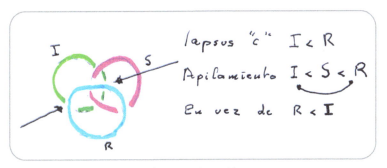

**Figura 4.8:** Lapso (c)

Dado que temos seis combinações possíveis de R, S e I (cf. p. 74), faltaria indicar aqui, se quisermos ser exaustivos, as três outras combinações: SIR, RSI e ISR.

Podemos apresentar as outras três combinações, seus três complementares: S<I<R, R<S<I e I<R<S. Veremos a utilidade de apresentar todas essas formas de empilhamento a partir de diversos lapsos do nó quando formos

abordar o trabalho feito por F. Schejtman — que então destaca duas formas do sintoma, duas da angústia e duas da inibição. Em contrapartida, M. Bousseyroux só destaca a opção S<R<I como sendo essa a opção resoluta de J. Lacan (cf. *Figura 4.6*, p. 122).

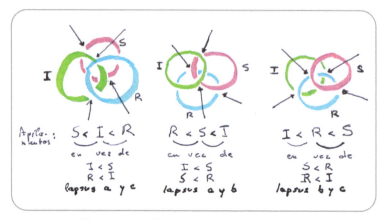

**Figura 4.9:** Empilhamentos com lapsos a-c, a-b e b-c

Vejamos agora o que ocorre com a possibilidade de erro em apenas um dos pontos de cruzamento. Tomemos como exemplo, num primeiro momento, o lapso do nó de Joyce — o da esquizofrenia. Onde R e S ficam enlaçados. Esse lapso é o produzido no ponto 3 (intersecção interna do real com o simbólico). Consequência: R e S ficam enlaçados e I fica solto, livre.

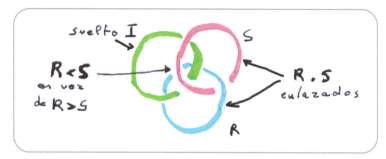

**Figura 4.10:** Lapso do nó de Joyce

Lacan, no seminário *O sinthoma* (S23), apresenta o "ego" como quarta consistência, como o elo que vem corrigir o lapso do nó de Joyce. Correção que se produz no próprio lugar em que o lapso havia se produzido. Quarto elo ao redor do ponto 3. Esse "nó corrigido pelo ego" não é um nó borromeano, é preciso deixar claro. Não é borromeano, visto que a quarta consistência reparadora, o ego, permite que o I solto se enode, mas não desfaz o enlace R • S.

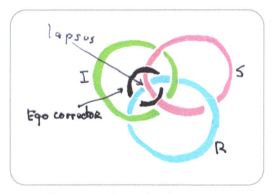

**Figura 4.11:** Nó corrigido pelo ego (Joyce)

Poderíamos também assinalar o ponto do lapso para o nó da mania, ou da enfermidade mental (enlace S • I):

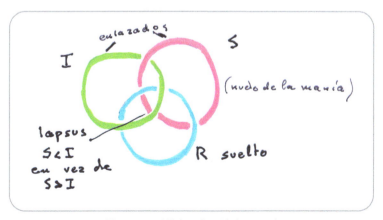

**Figura 4.12:** Nó da enfermidade mental

e para o da melancolia (enlace R • I):

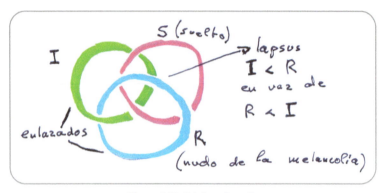

**Figura 4.13:** Nó da melancolia

Quanto ao nó de trevo (como dissemos, o nó da paranoia), o lapso consiste na colocação em continuidade das três consistências: obtém-se um nó de uma única consistência com três cruzamentos. Lacan vai chamá-lo, no *O sinthoma* (S23), de "nó de três":

**Figura 4.14:** Nó de trevo (paranoia)

Aqui temos de destacar um ponto muito importante já assinalado. Lacan vai levar em conta unicamente a forma S<R<I. É uma opção... M. Bousseyroux a apresenta, inclusive, como uma decisão irrevogável, de certo modo. Em contrapartida, F. Schejtman trabalha a partir de todas as

combinações possíveis dos empilhamentos obtidos a partir dos lapso (a), (b), e (c), assim como seus complementares. Lacan havia anunciado, no final de *RSI*, que ia continuar com um seminário que se chamaria *4, 5, 6*, mas ele se depara com Joyce e desvia desse propósito. Em resumo, ele só analisa o nó com o lapso (a) — *Figura 4.6*, p. 122 — e suas possíveis suplências, que são da ordem do simbólico (sintoma), do real (angústia) ou do imaginário (inibição).

F. Schejtman não se detém nessa opção de Lacan e analisa todas as combinações possíveis para situar ali as diversas formas de suplência, o que desemboca em duas formas de sintoma, duas da angústia e duas da inibição... desenvolveremos esse ponto mais para frente.

Por ora, vale a pena insistir em uma indagação: por que Lacan opta pelo "lapso"/falha que produz o empilhamento S<R<I?

Isso tem uma relação com a apresentação do nó com quatro, no qual se visualiza o acoplamento entre Simbólico e Sintoma. Essa opção nos indica que o simbólico perdeu sua categoria de privilégio com relação ao imaginário; que o real figura no meio, eu diria, como a cunha que se introduz na hiância — ou que a produz — entre o S e o I. Voltaremos a essa opção de Lacan.

Apresentamos o nó como figura no anúncio desta quarta intervenção, e tal como o encontramos no seminário *O sinthoma* (S23), na aula de **18 de novembro de 1975**:

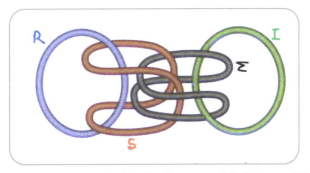

**Figura 4.15:** "Figuração simétrica do nó com quatro", (*O sinthoma*, p. 23)

Como, à altura do seminário *O sinthoma* (S23), Lacan já havia cunhado a nova ortografia do *sinthoma*, isso nos permite distinguir essa função de enodamento, de nomeação, que o distingue do sintoma-metáfora (remissão de um significante inconsciente vinculado à significação sexual, reprimida) e do sintoma-letra, referido à letra de gozo.

Por exemplo, no caso de Joyce distinguimos entre o seu gozo pela letra, o seu sintoma e o que se produz com a sua arte, o efeito de enodamento borromeano que corrige o lapso do seu nó causado pela "forclusão de fato" do pai.

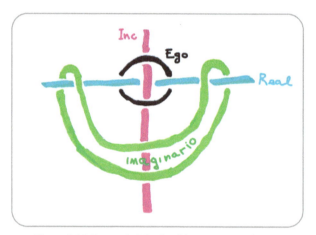

**Figura 4.16:** Reconstituição do nó borromeano, tal como aparece no *Sinthoma* (p. 151), com indicações de cor

Ao final do seminário *O sinthoma* (S23), em **11 de maio de 1976**, Lacan apresenta aquilo que seria a façanha de Joyce: ter conseguido fazer um nó borromeano a partir da sua arte-dizer (nó que se distingue do nó "corretor" através do "ego"). Isso está apresentado sob o título de "reconstituição do nó borromeano" para Joyce. Acaso se verifica que esse seria um verdadeiro nó borromeano? Não é o caso daquele que se apresenta como sendo o do "ego corretor" (cf. nossa *Figura 4.11*, p. 125), que enoda o I que havia ficado solto com o R e o S (encadeados entre si), mas ele não é propriamente um nó borromeano — visto que, caso se rompa o quarto, o ego corretor, os outros três não se desnodam do todo, pois o S e o R ficam enlaçados entre si.

M. Bousseyroux apresenta também outra escrita que, sem dúvida, pode formar um nó borromeano, sempre que trançarmos o ego/*sinthoma* da maneira adequada:

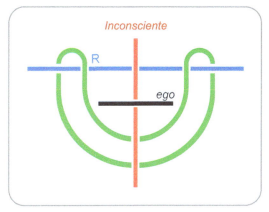

**Figura 4.17:** Nó com forma de Cruz de Lorena, tal como apresentado por M. Bousseyroux em *Penser la psychanalyse avec Lacan*

M. Bousseyroux, em *Penser la psychanalyse avec Lacan* (Érès, 2016, p. 282) — cuja tradução para o castelhano, *Pensar el psicoanálisis con Lacan*, está prevista nas Ediciones S&P para o final de 2018 —, apresenta essa forma de Cruz de Lorena para a façanha de Joyce, chamando-a de "O Nó bo de Joyce", e que aqui colorimos com as cores convencionadas para cada um dos registros.

■ ■ ■ ■ ■

Em resumo, só com o quarto elo — com o *sinthoma* — podem ser nomeados os três registros R, S e I. Real, Simbólico e Imaginário são, por assim dizer, os três primeiros nomes... da criação, se me permitem dizer assim: da criação do *parlêtre*.

E Lacan é quem os nomeia. Em algum lugar, Lacan afirma explicitamente o seguinte com relação ao real: "Eu te batizo: Real!".

Na próxima intervenção, traçaremos o itinerário anunciado em *RSI* (S22): do nó freudiano com quatro ao nó lacaniano com quatro e à diversidade das nomeações — simbólica (sintoma), real (angústia) e imaginária (inibição) — que ele vai anunciando no final do seminário *RSI* (S22).

# 5 | Nomeações simbólicas, reais e imaginárias

*29 de maio de 2017*

Vimos, na quarta intervenção, aquilo que eu chamaria de "desconstrução" — o termo é meu, Lacan não fala assim — do nó de base, com três, do qual Lacan partiu. Aquilo que se produz com o que situamos com os diversos "lapsos"; com o que eu situei como "faltas de ortografia" na escrita do nó — a diversidade possível de "lapsos" do nó (cf. a quarta intervenção, p. 119-120). Falo, então, em termos de desconstrução do nó com três que Lacan utilizou como ponto de partida.

O importante é localizar os seis pontos de cruzamento e quando se produz um erro que chamamos de "ortografia" — quando, em vez de passar por cima, passa-se por baixo ou vice-versa. Desconstrução que tem como consequência o desnodamento do nó; e, no caso dos lapsos (a), (b) e (c), o efeito que chamamos de "empilhamento" de R, S e I.

Jorge fez um desenho com uma perspectiva que permite visualizar bem esse empilhamento, quando os elos se encontram uns em cima dos outros:

**Figura 5.1:** Empilhamento dos elos sem enodar

Assinalei o que identificamos como uma opção de Lacan. De todas as combinações de RSI (há seis), era preciso prestar especial atenção naquela que se apresenta como S<R<I — que, como dissemos, corresponde a uma escolha, a uma opção fundamental que Lacan jamais deixou de lado. M. Bousseyroux a enfatiza, enquanto que, em contrapartida, F. Schejtman opera, trabalha com todas as combinações possíveis — e logo veremos a que fazer isso o leva.

Com relação à noção de "lapso", Luis Tarragona perguntava se essa noção tinha a ver com a formação do inconsciente que leva esse nome... Creio que não. Podemos chamar de "lapso", ou de "falha". Como havíamos dito, a questão da escrita do borromeano se maneja com os *lapsos* e as *suplências*. A suplência é o que vem corrigir o lapso. Se o lapso desnoda, a suplência enoda...

Sempre temos à mão o exemplo de Joyce, porque Lacan elaborou explicitamente o que se produz como "lapso" e o que vem corrigi-lo: o chamado "ego" corretor, apresentado na intervenção anterior.

Se nós falamos em "lapso", é porque, de algum modo, antecipamos o lugar onde se produzirá a suplência que o corrige. Com efeito, sem suplência não poderíamos dizer que tipo de lapso ela corrige. A suplência tem lugar, se efetua bem no lugar do lapso. Será um tema ao qual Lacan retorna com uma reflexão sobre o nó de trevo, no seminário *O sinthoma* (S23). Veremos isso no Volume 2 do nosso *Passo a passo*.

Se não tivéssemos algum tipo de reparação, com relação ao apresentado como empilhamento de R, S, I, o que poderíamos dizer? No meu entender, não poderíamos dizer nada que concernisse a um *parlêtre*...

■ ■ ■ ■ ■

Detenho-me sobre a pergunta que me foi enviada por escrito — tal como havíamos combinado que existia a possibilidade de fazer — por Patricia Montozzi. A pergunta é: O que é, estruturalmente, o lapso? Como ele se dá na história de um sujeito? De que depende? Ele se relaciona com o trauma?

É realmente uma pergunta-chave...

A escrita do nó borromeano é uma escrita sincrônica, não dá conta do desenvolvimento ou da diacronia... Quando, com Joyce, constrói-se a suplência a partir do lapso do seu nó, vai se construindo o caso tal como ele evolui, tal como o nó de Joyce evolui.

Não é que se nasce com o lapso, no sentido de R, S e I totalmente desnodados. Porque já se nasce inscrito, ao menos, no simbólico — pelo entorno, pela linguagem...

Mas a pergunta é muito interessante e concerne — particularmente, me parece — aos analistas que trabalham com crianças. O nó, como diz Lacan, às vezes pode estar bem-feito; outras, não. O que quer dizer que está bem feito? O que é um nó bem feito? A alusão a estar bem feito é, no fim, quando ele se faz segundo a maneira clássica da neurose? O bem-feito — quer dizer, o nó que é borromeano —, nós o encontraríamos na neurose, em que o *sinthoma* (com *h*) assegura a borromeidade na qual o *parlêtre* pode se suportar? Apesar disso, pode haver nó "bem feito" também na psicose, no caso de se conseguir uma borromeização do nó "mal-enodado" no princípio (quer dizer, não borromeanamente). Essa é uma perspectiva que amplia o campo da clínica. Ou seja, teríamos de pensar que o "nó bom" é o nó borromeano, seja por meio do *sinthoma*-pai ou por meio de uma invenção singular de *sinthoma* que possa se produzir. Qualquer *sinthoma* que permita ao sujeito se sustentar diferenciando os três registros.

No caso da neurose, o nó borromeano é conseguido por meio do *sinthoma*-pai — "pai" entendido como função de nomeação, nessa renovação da função "pai" que Lacan lhe atribui. Não é equivalente ao pai da metáfora paterna, o que proporciona a significação fálica segundo os desenvolvimentos anteriores de Lacan.

Já desde 1967 — quando Lacan enuncia que "Não há proporção/relação sexual que se possa escrever" — a metáfora paterna fica, em parte, desvalorizada, isso se não caduca. Apesar disso, na clínica com crianças a referência a ela pode conservar a importância, como momento-chave (presente ou não) do desenvolvimento infantil e de inscrição do gozo na significação fálica por meio da metáfora paterna (ainda que não seja necessária a referência à metáfora paterna para falar da presença do gozo fálico... por isso damos ênfase em falar "significação fálica", ou seja, significação atribuída ao gozo fálico).

Em contrapartida, a causalidade da forclusão do Nome-do-Pai como causa da psicose declina. Des-constrói, de certa maneira, o valor da metáfora paterna.

Ele se relaciona com o trauma? Não hesitaria em dizer que sim... mas sempre que estivermos, falando mais amplamente de *"troumatisme"* (condensação de "furo" — *trou* — e "trauma"), tal como faz Lacan. Lacan nos proporciona, em sua "Conferência de Genebra", um exemplo: o do Pequeno Hans. No momento da formação do sintoma como coalescência do gozo com *lalíngua*... o encontro do gozo é traumático, o que é patente em Hans, precisamente porque há furo quanto ao "sentido": de onde vem? Ele se apresenta claramente a Hans como algo que vem de fora, que lhe é estrangeiro, precisamente por não lhe poder atribuir sentido algum. No momento de sua experiência orgásmica, algo se produz. F. Schejtman o apresenta como um desnodamento em relação ao nó da vivência paradisíaca com a sua mãe, havendo então a emergência da angústia, que ele nomeará (nomeação real), para então produzir um novo enodamento com a emergência do sintoma fóbico. Poderemos acompanhar isso na apresentação que F. Schejtman faz do caso Hans.

Há, portanto, uma experiência traumática do encontro do corpo com o gozo e com *lalíngua*, coalescência nem sempre facilmente discernível...

Mas é um tema sobre o qual pensar: a coalescência fixa o gozo do sintoma? Sem dúvida, mas por acaso se confunde com o *sinthoma* enquanto enodamento? Convirá distinguir entre ambas as coisas.

Tenho consciência de que a pergunta é fundamental (a de Patricia) e a resposta, insuficiente...

Fica pendente, então, um debate sobre o nó no *infans*. Ele vai se fazendo? Quando é que se pode considerar que está feito, no caso das neuroses?

▪ ▪ ▪ ▪ ▪

Prossigo um pouco. Ninguém vem ao mundo do nada. Estando falido, ou não, o desejo dos pais; com o anonimato, ou não, desse desejo, a criança já vem marcada por algumas marcas mínimas — por exemplo, as que já o marcam como identidade sexual desde a sua inscrição no registro do nome, além da marca da filiação pela via do sobrenome e a marca do desejo singular pela via do nome escolhido pelos responsáveis pela criança, os pais ou outros...

Aconteça o que acontecer depois com essas marcas, quer ele as aceite ou as recuse, elas, já de começo, lhe vêm de fora. O Outro é anterior ao nascimento do sujeito, dizia Lacan... ainda que se possa traçar o nascimento do Outro — como propuseram Rosine e Robert Lefort em seu livro *Nascimento do Outro*. Evidentemente, aqui nós estamos nos referindo ao Outro como o universo de linguagem em que o *parlêtre* está submerso desde o seu nascimento. Seria preciso refinar e situar o lugar desse Outro também como lugar de gozo, gozo suposto do Outro...

Não creio, então, que possamos dizer que, na vinda dela ao mundo, os três registros estejam soltos para a criança. Ela já fora — desejada ou não — inscrita no discurso dos pais... ou não.

Por isso me parece que essa referência ao empilhamento dos registros é uma abstração, uma abstração sobre algo que... não existe "em si". Talvez no autista de verdade se encontre algo como um desnodamento dos três registros — mencionei isso mais de uma vez, mas com muita prudência... Em todo caso, é uma hipótese. Não sei se ela consegue se sustentar ou não... eu diria que sim. Vale ver os trabalhos que eu já havia mencionado de passagem... trata-se de *Œuvres*, de Fernand Deligny (cf. referência em "Bibliografia"). R. Miralpeix leu e parece que foi interessante, não foi?

Érik Porge comenta, em seu livro *Lettres du symptôme* (p. 28-29), que os autistas não se deslocam na *"erre"* da metáfora, visto que ou não falam, ou falam muito pouco. Apesar disso, seus trajetos repetitivos não deixam de ter consistência e coerência. Por outro lado, o seu comportamento e sua gestualidade induzem metáforas — tudo o que F. Deligny demonstrou, traçando linhas de *"erre"*, trajetos habituais de crianças autistas com as quais conviveu. Ele falou em *"erre"* antes de Lacan introduzir essa palavra em seu vocabulário. Começou a traçar as linhas por volta de 1969 e publicou os trabalhos por volta de 1972. Pode se pensar, não é impossível, que essa foi uma das razões pelas quais Lacan dedicou algumas reflexões sobre a *"erre"* em seu seminário *Les non-dupes errent* (S22), de 1973-1974.

Para os psicanalistas que trabalham com crianças, a pergunta é fundamental e pertinente. Quando recebemos um adulto em análise, podemos dizer que o nó já está feito. Será preciso se perguntar até que ponto ele pode se modificar ou não. Pode-se precisamente situar (foi o que abordei no meu argumento para o X Encontro Internacional, 2018) que, no nível do *sinthoma* (com *h*)... no nível da suplência — mais do que no nível do núcleo de gozo do sintoma fundamental... incurável, no fim — poderia haver uma escolha possível, no sentido de que uma análise permite obter modificações da suplência instalada. Seria no nível do enodamento, do *sinthoma* — pois é de onde se poderia esperar algo... de um advento do real que abrisse para um novo enodamento.

No que concerne às formas da neurose, a sua variedade se decide precocemente .

Para as formas da neurose, por exemplo, há variedade em função da maneira como se produz a nomeação, a suplência. Não há um modelo único para a neurose... podemos nos adiantar e retornar à insistente tríade freudiana tal como tratada por Lacan com os nós. Como três tipos de formas de enodamento (de *sinthoma*, com *h*, segundo o uso que explicamos — e aqui fazemos — dessa escrita). Enodamento pela via do sintoma (nomeação simbólica); pela via da angústia (nomeação real) e pela via da inibição (enodamento imaginário). São as três formas de enodamento típicas da neurose. O enodamento pelo sintoma seria mais típico da histeria; o enodamento pela inibição, da neurose obsessiva; e o enodamento pela angústia, mais característico da neurose fóbica. Mas não é para se manejar isso de maneira rígida. Não se trata de uma correlação automática, visto que, nas neuroses, temos formas complexas: nó histérico da obsessão, obsessões com fobias... Não se deve fazer disso, é claro, uma classificação rígida!

Essas são as perguntas que chegaram para um uso clínico dos nós borromeanos que vá além do exercício de clarificar a sua escrita e o seu manejo por Lacan.

Um exercício interessante em si mesmo... mas ele vale na medida em que nos sirva (ou não) — mais cedo ou mais tarde — para a nossa prática, para estruturar a nossa clínica. Não é fazer topologia por fazer topologia. Apostamos que ela nos servirá para algo, como orientação na prática. Diferentemente dos topólogos especializados — não é o meu caso —, que se ocupam mais da topologia matemática, mas que muitas vezes têm dificuldades em retornar, por assim dizer, à prática analítica...

Mas nessa jornada Lacan teve de contar, para avançar em seu método, com matemáticos "concernidos", por sua vez, à análise. Ele contou principalmente, como dissemos, com a ajuda de R. Thomé, P. Soury, M. Vappereau...

▪ ▪ ▪ ▪ ▪

Lacan des-construiu o que eu chamei de seu nó "ideal" com três. Por quê? Porque, lembrem-se, cada registro é Um, equivalente aos outros; cada um solto é um nó trivial (cf. primeira intervenção) e são equivalentes entre si.

E entramos agora no momento em que Lacan vai construir o seu nó com quatro (introdução da noção de *sinthoma*) a partir do exame do nó suposto por ele como sendo o "nó freudiano".

Todo o nosso desenvolvimento, a partir de agora, remete a um percurso do seminário *RSI* (S22).

▪ ▪ ▪ ▪ ▪

**14 de janeiro de 1975**: o nó *freudiano*, segundo Lacan. Lacan constrói aquilo que ele considera, a partir da sua leitura, como sendo o "nó freudiano".

Ele vai ler Freud a partir de sua hipótese dos três registros. Como ele diz por aí: joguei essa casca de banana embaixo dos pés de Freud... Trata-se de uma leitura de Freud por Lacan. Não se pode dizer que Freud tenha discernido claramente essas três dimensões do ser falante, pelo menos explicitamente. Lacan considera que estão implícitas em Freud... Talvez! Mas não sem a leitura de Lacan, eu diria.

Em contrapartida, poderia se fazer, *après coup*, uma leitura de Freud a partir dessa leitura de Lacan, dessa introdução do esquematismo RSI (é, no fim das contas, o que Lacan faz em seu retorno a Freud), pois desde 1953 ele já havia isolado o seu esquematismo — mesmo que ainda não tivesse batizado, à época, o "seu" real (esse do qual dirá que é o seu sintoma); e, menos ainda, batizado o nó como real, é claro).

O que Lacan diz?

Que aquilo que identificaremos como "nó freudiano" parte de um empilhamento que não é o empilhamento pelo qual Lacan vai optar. Lembro-lhes: opção resoluta que corresponde à que apresentamos como resultante do "lapso" (a), tal como tratamos na intervenção anterior. Opção resoluta que é uma subversão do próprio Lacan por si mesmo, visto que o imaginário é colocado por cima do simbólico (longe, portanto, do predomínio do simbólico sobre o imaginário): opção S<R<I.

Lacan afirma: em Freud, o empilhamento é de tipo R<I<S (Real embaixo do Imaginário e Imaginário embaixo do Simbólico). O simbólico é dominante em Freud, afirma Lacan, precisamente porque não consegue que o real seja prioritário e que passe por cima do simbólico.

Então — e seguindo com a leitura de Freud por Lacan —, Freud só consegue fazer com que o real encontre o seu lugar a partir de uma construção mítica, aquela que ele constrói com o suposto gozo (supostamente real) do pai da horda, o pai de *Totem e tabu*.

Logo, o empilhamento em Freud seria do seguinte tipo, R<I<S:

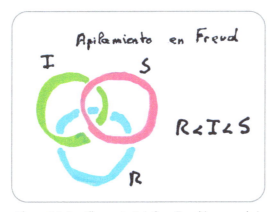

**Figura 5.2:** Empilhamento R<I<S em Freud (sem enodar)

O simbólico tem o lugar de privilégio que, durante muito tempo, ele terá para o próprio Lacan — durante todo o tempo do seu "retorno a Freud", digamos, quando o simbólico é dominante em relação ao imaginário. Para Freud, o real se situava ou no nível do biológico (com base na hipótese da conservação da energia), ou então no nível da construção do mito... que Freud considerava como tendo sido historicamente real.

Lacan então escreve o "nó freudiano" (nós o projetamos na lousa, assim como faremos com as demais apresentações, com a ajuda de Jorge) recorrendo a um quarto, que enoda; e tendo R<I<S como base, então, tal como lê em Freud:

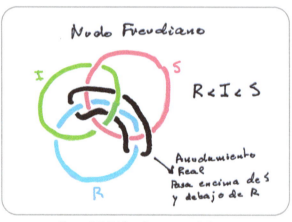

**Figura 5.3:** Nó freudiano, segundo Lacan

Já examinamos o porquê da necessidade de recorrer a um quarto elo cuja função é enodar os três registros desnodados no empilhamento... e cuja função é uma função de nomeação. Por ora: o quarto necessário para reenodar os três empilhados, soltos entre si.

Esse enodamento em Freud, segundo Lacan, é um enodamento de tipo real, uma nomeação real.

É o que vocês percebem na *Figura 5.3*, pelo fato de a forma da meia-lua percorrer a consistência do real, a borda do real. Usamos a cor preta para o *sinthoma*.

Pode ser que, assim, à primeira vista, vocês não vejam, não percebam que esse quarto enoda o desnodado — ou seja, que ele é um nó borromeano propriamente falando. Para comprovar, vocês podem recorrer à construção material do nó.

Recordo-lhes o trajeto que a meia-lua percorre; trajeto que nos indica, aqui, que estamos diante de uma nomeação real.

Existe uma regra que ajuda a manejar a escrita do quarto elo que enoda os três empilhados.

A regra é a seguinte: o traçado da "meia-lua" tem de passar por cima do elo que está em cima (nesse caso: S) e por baixo do elo que está embaixo (nesse caso: R); e, seguindo a regra, uma passada por cima, uma por baixo — e, assim, alternando.

Qualquer outra forma de fazê-lo cometeria "erros de ortografia" que fariam com que o nó perdesse a sua propriedade borromeana...

Jorge Chapuis nos mostra como construir esse nó materialmente, no espaço.

Esse quarto (aqui, e arbitrariamente, na cor preta), nós o chamamos, pois, de Nomeação do real — porque ele opera na borda da consistência do real.

Para o traçado da meia-lua, aplica-se a regra que acabo de enunciar e, depois de passar por cima, vem uma passada por baixo — e assim sucessivamente... No exemplo do nó freudiano apresentado, vocês podem observar que se passa por baixo de R, por cima de S, embaixo de I, em cima de S, debaixo de R, em cima de S, debaixo de I, em cima de S e se volta por debaixo de R.

No começo dos meus exercícios com os nós, eu não conhecia essa regra, explicitada, no entanto, por Lacan (Jorge Chapuis me lembrou dela quando eu já havia me exercitado horas e horas, com dificuldades de obter os enodamentos adequados com esse quarto elo).

A regra de escrita facilita as coisas, porque perceptivamente vocês — e eu — vão poder discernir facilmente se o nó está bem-feito ou mal-feito, se o enodamento é efetivamente borromeano.

Laura Kait: Eu só entendi quando fabriquei materialmente...

Cada um tem as suas modalidades. Eu, em contrapartida, trabalhei pouco com a fabricação no espaço. Eu me exercitei mais com a escrita e com fazer o esforço de percepção de vê-los enodados... o que, sem dúvida, era custoso. Com a aplicação da regra de escrita já posso me assegurar se o enodamento é ou não correto... examinando se a regra de escrita está bem ou mal realizada, se não cometemos erros de escrita.

Temos então essa proposta, feita por Lacan, daquilo que é o nó freudiano: o nó borromeano em Freud. Esse quarto elo é chamado de "Édipo" ou de "realidade psíquica" — "Nome-do-Pai", no linguajar lacaniano.

Tudo isso corresponde, como dissemos, à data de **14 de janeiro de 1975**.

■ ■ ■ ■ ■

E Lacan se equivoca (!), como todos nós, quando começamos com esses exercícios de escrita dos nós.
**11 de fevereiro de 1975**: o erro de Lacan.

Lacan quer voltar a desenhar o seu "nó freudiano" e comete um erro (um segundo erro importante, depois do erro da *Figura 6* de *Mais, ainda*, que já examinamos). Esses erros dos quais Lacan extrai um ensinamento.

Logo verão o proveito que ele vai tirar desse erro!

Ele volta, então, a fazer o suposto nó freudiano, supostamente como havia feito antes; porém, ele se equivoca e, em vez de empilhar R<I<S, vai fazer um empilhamento R<S<I. É simplesmente um erro. Ele quer voltar a fazer o "nó freudiano", como mostramos; no entanto, em vez de colocar I<S (ou seja, o Imaginário por baixo do Simbólico), coloca S<I (ou seja, ele passa o simbólico por baixo do imaginário).

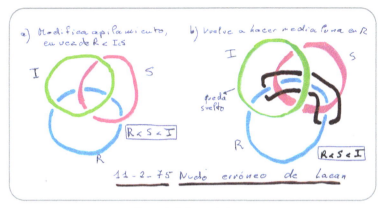

**Figura 5.4:** O erro de Lacan

Ele volta então a fazer o traçado da meia-lua seguindo a borda de R. Porém, como se equivocou no empilhamento, resulta que o nó já não é borromeano... RSI não se enodam... o que é bastante visível: o Imaginário fica solto.

Ao cometer esse erro, o quarto elo não atinge o seu objetivo de enodar os outros três empilhados. Não é, portanto, um nó borromeano.

O erro parte do fato de ele ter modificado o empilhamento que, inicialmente, ele havia proposto para o seu "nó freudiano".

Repito: em vez de empilhar R<I<S, ele faz passar o I por cima de S (pergunta: antecipação, diríamos inconsciente, do que aparecerá depois como uma opção resoluta?). Isso faz com que se tenha o seguinte empilhamento: R<S<I.

■ ■ ■ ■ ■

**18 de fevereiro de 1975**: o nó com quatro de Lacan.

Na aula posterior à de seu erro, ele se apercebe — não sei se com ajuda de alguém — do erro e diz: não se preocupem se vocês se equivocarem, se nós nos equivocarmos... "eu me equivoquei por *lassitude* (cansaço); é que a representação do nó não é nada natural". Estamos muito de acordo com Lacan... e bastam as nossas próprias equivocações para nos convencermos disso!

Mas é aí que mora a genialidade de Lacan: ele vai usar esse erro para encontrar aquilo que vai chamar de "nó bom".

O nó bom... que ele diga "nó bom" é uma valoração. Nesse contexto, o nó bom (o que supõe que há outros que não são) é o nó do neurótico — o nó *"pépère"*, como Lacan chama. Eu gosto desse adjetivo, *"pépère"*... Como traduzi-lo, se ele diz de algo que é confortável, conforme ao pai? Usar *"pépère"* tem uma conotação algo depreciativa, ao menos assim me soa...

E ele torna a fazer o nó, mas agora faz uma nova escolha (não por erro, mas calculada) e elege o empilhamento S<R<I, que não é o utilizado nem em **14 de janeiro** nem em **11 de fevereiro**. Apresenta então, pela terceira vez, o nó com quatro em outro empilhamento. Eu já assinalei — em mais de uma ocasião, me parece — a importância desse ordenamento dos três registros empilhados desta maneira: S<R<I.

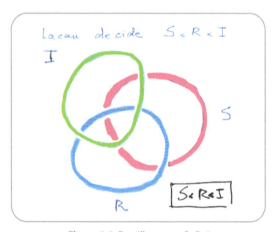

**Figura 5.5:** Empilhamento S<R<I

Jorge Chapuis já apresentou o que acontece com outro tipo de empilhamento (cf. p. 104). Ele escreve então o "nó bom", que podemos chamar aqui de "nó lacaniano", pois foi escrito procedendo a partir do "nó freudiano" e implica uma mudança de posição.

Mas agora a "meia-lua" percorre a borda do elo do simbólico. Trata-se de uma nomeação simbólica, e não de uma nomeação real, como era o caso para o "nó freudiano". (J. Chapuis já apresentou outras formas desse nó com quatro, cf. p. 96, 99).

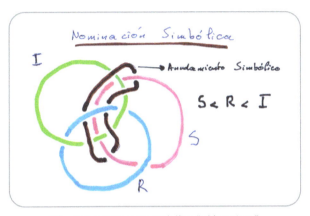

**Figura 5.6:** Nomeação simbólica, "nó lacaniano"

Repito: esse empilhamento S<R<I é uma opção fundamental de Lacan (sobre a qual M. Bousseyroux insiste, enquanto que F. Schejtman não se atém a ela).

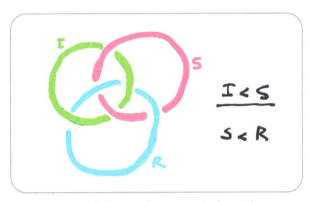

**Figura 5.7:** Nó com três como ponto de partida

Essa forma de empilhamento, essa base da qual ele parte agora, é UMA OPÇÃO DE LACAN. Em **11 de março de 1975**, Lacan diz, explicitamente, "não passemos mais o simbólico por cima do imaginário". Lembrem-se de que, em sua primeira apresentação do nó com três, o nó de partida — aquele que eu chamo de "nó ideal" —, o simbólico passava por cima do imaginário, e não por baixo. (J. Chapuis apresentou outra forma do nó com três, que também verifica S<R<I, cf. p. 94, *Figura 3.6.*)

S<R<I: Trata-se de uma opção radical? Por que ele opta por esse empilhamento?

Já dissemos, mas vamos repetir:

1. ele subverte com relação ao que vem antes em seu ensino, dando agora um lugar preponderante ao imaginário;
2. o imaginário faz referência ao corpo como lugar em que se assenta o gozo — nossa única substância, como se expressa Lacan. O gozo é uma substância, mas uma substância que se encarna num corpo. Não se trata, então, do corpo da imagem especular, nem do corpo sutil do simbólico;
3. com relação ao simbólico, digamos que ele está um tanto quanto desvalorizado, ao menos em relação ao seu ensino anterior... o que não é novidade, pois já faz tempo que ele se apercebeu de que o simbólico não dá conta da possibilidade de escrever a proporção/relação sexual — explicitamente nos seminários sobre *O ato analítico* (S15) e *De um Outro ao outro* (S16).

   Ele também não permite localizar o que seria o gozo outro que não o fálico, específico da sexualidade feminina;
4. o real no meio, por quê? Isso é mais difícil de responder. Tenho comigo que é porque o real vem justamente no lugar da hiância entre o imaginário e o simbólico; porque, se não houvesse essa hiância, não haveria outra solução além de ficarmos colados no sentido. O real é a

cunha, por assim dizer, introduzida nessa hiância e que garante que "nem tudo seja sentido", que estabelece o limite de todo sentido.

Daí que a definição que ele dá do real no seminário *RSI* seja a do Real enquanto excluído do sentido.

Essa é a leitura pessoal que eu faço... mas pode se conservar uma indagação a respeito dessa opção de Lacan.

Lacan conserva essa opção ao longo do seu ensino, ao que parece... — assim afirma M. Bousseyroux. Em todo caso, faz isso pelo menos até o final do seminário *O sinthoma* (23).

Volto a insistir no fato — como, aliás, M. Bousseyroux também faz — de que o valor dessa apresentação é que permite que, ao estirar o nó, obtenhamos um acoplamento entre o Simbólico e o *Sinthoma* (cf. p. 75). Já dissemos da importância que isso tem para a direção do tratamento.

Já percorremos, então, o trajeto do nó freudiano ao nó lacaniano do "*sinthoma*", tal como ele o apresenta no seminário *RSI* (S22).

■ ■ ■ ■ ■

Ao final do seminário *RSI*, Lacan fala da nomeação imaginária e da simbólica; contudo, ele não apresenta os nós, e sim um esquema de quatro pontas.

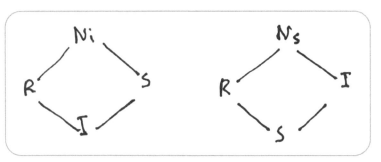

**Figura 5.8:** Esquema de quatro pontas

No seminário *RSI*, Lacan escreve o nó com quatro enodado de maneira simbólica. Ele vai corresponder àquilo que, mais para frente, ele irá chamar de nó do "*sinthome*" — do *sinthoma*, escrito com *h*.

Na próxima intervenção, tratarei das outras formas de nomeação; além da simbólica, teremos a nomeação imaginária e a nomeação real.

Veremos as particularidades supostas na apresentação dessas nomeações quando seguirmos a opção de Lacan pelo empilhamento: Simbólico debaixo do Real e Real debaixo do Imaginário.

Ou seja, o empilhamento que destacamos como uma opção preferencial de Lacan: S<R<I.

▪ ▪ ▪ ▪ ▪

Por enquanto, basta assinalar que o enodamento simbólico e uma das apresentações do enodamento real nos preparam uma certa surpresa. Porque, com efeito, se estiramos as pontas de R e I, em ambos os casos obtemos o tão esperado acoplamento do simbólico com o *sinthoma*. Não é fácil passar de um para outro, nos diz Jorge, porque é preciso fazer muitos malabarismos...

Em todo caso, isso dá para mostrar. Não se deve esquecer que os nós são plásticos. Nós os escrevemos com a meia-lua... mas eles podem se estirar de diversas maneiras e assumir configurações variadas, puxando um ou outro elo... Enquanto não cortarmos nenhum elo, podemos estirar, encurralar num ou noutro dos furos, e manter a mesma propriedade borromeana do nó...

A questão é que, com esse estiramento — puxando R para um lado e I para o outro —, fazemos com que sintoma e simbólico estejam acoplados no meio (furo falso), enquanto que R e I ficam nas extremidades.

Jorge ilustra isso... depois dos malabarismos necessários... Vê-se como vermelho e preto ficam no centro e azul e verde, nas extremidades (Jorge também apresentou de outras formas esse furo falso, cf. p. 95).

▪ ▪ ▪ ▪ ▪

Cabe ressaltar a distinção entre o quarto elo no nó freudiano e no de Lacan.

O quarto elo em Freud (Édipo, realidade psíquica, função do pai) presta contas do desfalecimento do real em passar por cima do simbólico.

Em Lacan o quarto nomeia, enoda... produzem-se homofonias em francês entre *nom* (nome) e *noue* (enoda) e *nœud* (nó)... ele nomeia o desfalecimento do simbólico, desfalecimento do "não poder escrever a proporção/relação sexual".

▪ ▪ ▪ ▪ ▪

Ressaltemos também que Lacan falará em furos verdadeiros e falsos. Ele vai falar do "furo verdadeiro" da "estrutura do nó" situando-o entre Real e Imaginário — lugar no qual, no começo, ele escreve "Gozo do Outro", e depois retifica escrevendo "gozo do Outro barrado", visto que não há Outro do Outro. Em contrapartida, a partir do seminário *O sinthoma* (S23), ele vai falar do "furo falso", que opera precisamente entre o sintoma e o simbólico... lugar privilegiado da ação da interpretação.

Mas a verificação do verdadeiro furo da "estrutura" só se faz passando pelo furo falso desse acoplamento entre *sinthoma* e simbólico!

Vale a pena assinalar, de passagem, que ali onde ele situa o furo verdadeiro, há relação com o gozo Outro (para além do gozo fálico), e que é também o lugar no qual a angústia pode se manifestar.

A operatividade da análise — ainda que, em seu ponto final, se conclua pela verificação de que toda verdade é mentirosa em relação ao "dizer" que toca ao real — consiste em transitar pelo lugar desse falso furo da verdade do inconsciente como verdade, do sintoma em sua verdade.

■ ■ ■ ■ ■

Sabemos que a interpretação varia em suas definições; entretanto, se acatamos as últimas sugestões de Lacan, a interpretação opera principalmente com o equívoco, que, num primeiro momento, pode ser pensado como o que se encena no duplo sentido das palavras. Mas Lacan refina aquilo para o qual se aponta na interpretação com a sua noção de "*sens blanc*" (sentido branco, em que ressoa também o "*semblant*" do francês). Logo, não se trata tanto do duplo sentido do equívoco — afinal, com isso se permanece no plano do sentido —, e sim da possibilidade de uma interpretação que faça ressoar, por assim dizer, o não sentido — não o duplo sentido — da palavra. O que implica toda palavra como "fora de sentido", para expressar prontamente. Digamos algo assim como "a metade de não sentido de todo sentido", distinguindo nitidamente entre não sentido e sem sentido. Lacan, no "O aturdito", fala em *ab-sens*, de *absensismo* — diretamente vinculado ao *ab-sex*, o *au-sexo*.

Lacan propõe uma abordagem topológica dessa operação (vocês vão encontrá-la comentada por M. Bousseyroux, em *Lacan le borroméen* e também no livro de P. Bruno sobre o passe (*Final y pase*), nós a apresentaremos em algum momento. Lacan se inspira também na poesia chinesa para exemplificar a prática desse "*sens blanc*", resultante de suas conversas com o sinólogo François Cheng.

## *Debate*

X.X.: ...
R.C.: Quando falamos de *lalíngua* (como, digo eu, uma espécie de infraestrutura do inconsciente), é quando

falaríamos do Ics real, da hipótese do Ics real... Apesar disso, e até onde eu sei, Lacan nunca identificou o Ics com o elo do real. O real é o próprio nó.

X.X.: ...
R.C.: Entendo que haja um desejo, uma vontade de aplicá--lo à clínica. É mais que legítimo, mas não me parece que convenha nos precipitarmos sobre uma "aplicação" (a palavra não é adequada) dos nós antes de entender um pouco a sua mecânica, por assim dizer.

Um "caso" não é o mesmo se o pensamos a partir da lógica da metáfora paterna e se o organizamos a partir do método dos nós. Daí o fato de que haja modificações na clínica... Não há uma "empiria" da experiência que nos proporcione uma clínica única... Como dissemos, é claro que o interesse de tudo isso é que nos oriente em nossa prática... que possamos pôr à prova o método borromeano em nossa prática... mas não há por que precipitar-se, me parece...

Tomemos, por exemplo, a psicose. Se a sustentamos a partir da referência à forclusão do Nome-do-Pai, teremos uma apresentação de "caso" diferente de caso a encararmos a partir dos nós. É toda a distância que há entre a apresentação de Schreber no seminário da psicose e o caso de Joyce no seminário sobre *O sinthoma* (S23) (remeto novamente ao livro de C. Soler: *Lacan, leitor de Joyce*). Da passagem de um ao outro, Lacan modificou sua abordagem da questão do pai e introduziu a noção do pai-*sinthoma* ou do *sinthoma*-pai — como preferirm dizer...

X.X.: Quando diz que *RSI* não está traduzido para o castelhano...
R.C.: Não está traduzido, digo, oficialmente; quer dizer, a partir da versão estabelecida por J.-A. Miller. É claro que há as versões em francês da ALI — que não são as estabelecidas por J.-A. Miller — e que foram feitas diversas traduções para o castelhano de muitos seminários não publicados "oficialmente" pela Paidós.

Pessoalmente, prefiro as oficiais, que podem eventualmente ser retificadas a partir das versões que estão mais próximas da transcrição original (versões da ALI). Não me pronuncio sobre as que não conheço, mas bem sabemos que há versões em castelhano que são muito deficitárias... Talvez outras sejam menos. Já me pronunciei sobre isso na primeira intervenção e, é claro, será bem-vinda toda referência a traduções para o castelhano nas quais se possa confiar.

# 6 | Variações: sintomas, inibições e angústias

*26 de junho de 2017*

Vamos retomar o ponto em que deixamos na última intervenção.

Lembrem-se de que havíamos mencionado o que Lacan apresenta no final do seminário *RSI* (S22), na última aula de **13 de maio de 1975**.

Ali ele faz alusão à "nomeação do Imaginário como inibição, nomeação do Real como o que sucede de fato — quer dizer, angústia —, ou nomeação do simbólico [...] ou seja, o que acontece na forma do sintoma".

E ele anuncia que é "entre esses três termos [...] que vou me indagar ano que vem sobre o que convém dar como substância ao Nome-do-Pai".

Assim termina o seminário *RSI* (S22). Apesar disso, como vimos, nessa aula ele só apresenta na forma de esquema, e não de nó, a nomeação imaginária (doravante: Ni) e a nomeação simbólica (doravante: Ns).

Por outro lado — e apontamos isso em mais de uma ocasião —, no seminário seguinte, o seminário 23, Lacan se ocupará de Joyce... e não retomará o anunciado.

· · · · ·

Voltamos ao ponto que deixamos da última vez. Convém agora apresentar na forma do nó a nomeação do real, que Lacan não apresenta como tal.

Tornamos a escrever a nomeação simbólica já apresentada anteriormente como o "nó de Lacan", em relação à sua distinção com o "nó freudiano":

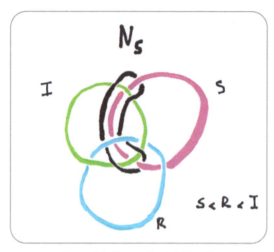

**Figura 6.1:** Nomeação simbólica, Ns

E escrevemos também uma das duas possibilidades da nomeação real — nós a chamamos de Nr(1). Ela não está escrita em Lacan:

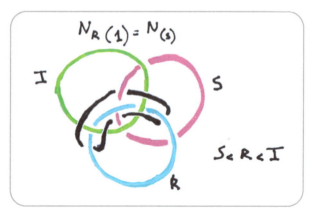

**Figura 6.2:** Nomeação real, Nr(1)

Lacan apresenta essa equivalência na aula de **18 de fevereiro de 1975**, chamando o imaginário de "1", o simbólico de "2" e o real de "3". Ele o faz escrevendo, no mesmo nó, a Nr(1) e a Ns.

A surpresa que essa escrita Nr(1) nos reserva é que ela resulta equivalente a uma Nomeação simbólica: Ns = Nr(1).

Com a ajuda de J. Chapuis, tínhamos visto que, ao puxar R e I em direção às laterais, obtínhamos, tanto para essa Ns quanto para essa Nr, a mesma forma de nó apresentado em cadeia, ficando no centro, acoplados, o *Sinthoma* e o Simbólico — forma de nó que comentamos amplamente e que voltará a aparecer no seminário *O sinthoma* (S23), tratada em termos de Símbolo e *Sinthoma*. Logo chegaremos aí.

* * * * *

Apresentamos, então, as duas formas possíveis de Nr: Nr(1) e, agora, Nr(2). Seguindo as nossas regras de escrita, podemos comprovar que há duas maneiras de realizar a Nr (a meia-lua) — recorrendo, é claro, em ambos os casos, à borda do real. Deixo claro, mais uma vez, que Lacan não as escreve:

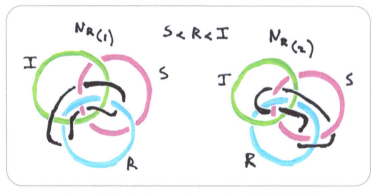

**Figura 6.3:** As duas formas de nomeação real, Nr(1) e Nr(2)

Apresentamos, agora — o que ainda não fizemos —, a escrita do nó quando o quarto que enoda é de natureza imaginária, o nó da inibição:

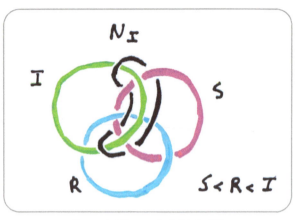

**Figura 6.4:** Nomeação inibição, N(i)

(J. Chapuis apresenta outras duas formas de Ni, cf. p. 100, *Figura 3.11*.)

E agora vemos que a segunda forma de nomeação real, Nr(2), é equivalente à nomeação pelo imaginário, Ni.

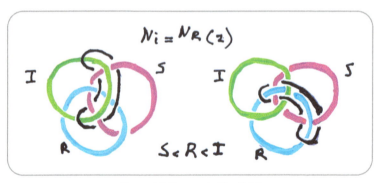

**Figura 6.5:** Nomeação Ni = Nr(2)

Fica em aberto, portanto, a seguinte questão: **o que pode se considerar uma nomeação real?** — dado que, por um lado, com o nó com quatro, a nomeação real é equivalente seja a uma nomeação simbólica (sintoma), seja à nomeação imaginária (inibição). Segundo o exposto, temos nó com quatro somente para o sintoma ($\Sigma$) e para a inibição ($\iota$).

Nós nos limitamos, por enquanto, a apresentar uma nomeação real com cinco elos, tal como apresentado por M. Bousseyroux:

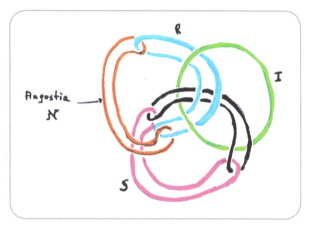

**Figura 6.6:** Nó da angústia com cinco elos (Fonte: M. Bousseyroux)

▪ ▪ ▪ ▪ ▪

Mantivemo-nos, com todas essas apresentações do nó com quatro elos, sempre dentro da opção de Lacan de trabalhar com o lapso S<R<I.

Para a nomeação real, a da angústia — identificada como א (aleph) —, M. Bousseyroux propõe um nó com cinco.

O mesmo autor escreve com um nó com seis o nó da fantasia (J. Chapuis o apresentou na p. 105). Se nós recordarmos que Lacan precisa que a fantasia é uma janela para o real, poderemos então pensar esse nó com seis como uma outra nomeação do real. Mas essa é uma questão que terá de ser examinada detidamente.

Em todo caso, fizemos o percurso da escrita nodal da tríade Inibição, Sintoma e Angústia. Lembremos que já havíamos encontrado essa tríade escrita sobre o nó com três... no nó de "A terceira", que ele também retoma em *RSI* (S22), na aula de **21 de janeiro de 1975**. Agora tornamos a encontrá-la em seu valor de "nomeação", ou seja, em seu valor de enodamento dos três registros desnodados, do lapso que corresponde ao empilhamento S<R<I.

∎ ∎ ∎ ∎ ∎

A angústia corresponde à nomeação do real, o que não deve nos assombrar, visto que Lacan diz que "a angústia é o advento do real", é o afeto típico do "advento do real"... ou seja, que o real, que está fora de sentido, tem manifestações afetivas — e a angústia em primeiro lugar, como afeto primordial do real. Colette Soler escreveu um livro sobre *Os afetos lacanianos*[1], e nele se encontra uma seção sobre "os afetos do real". Ela distingue outros afetos do real; mas a angústia é o afeto que, fundamentalmente, nos abre para uma experiência do real — ali onde é impossível, por definição, apanhá-lo pelo sentido.

O real, nós também o apanhamos, é claro, pela letra do sintoma. Angústia e sintoma são as duas vias de acesso ao real.

∎ ∎ ∎ ∎ ∎

Num tratamento, os nós podem mudar caso haja uma função criadora. Seria mais correto falar em "invenção" do que em "criação", precisamente porque pode haver uma variação no *sinthoma* (com *h*), isto é, na maneira de enodamento recorrendo ao quarto elo...

Sendo o imaginário aquilo que, para todo *parlêtre* neurótico, domina... pode-se dizer que não se está condenado a ficar com um enodamento de tipo Ni (Nomeação Imaginária), ainda que o imaginário seja preponderante.

---

[1] Nota do tradutor: SOLER, C. *Les affects lacaniens*. Paris: Les presses universitaires de France, 2011.

É claro que aquilo que interessa a Lacan é conseguir, de alguma maneira, o *sinthoma* que mais se aproxime, no final do tratamento, de uma nomeação do real... logo, excluído de todo sentido, e que seria mais apto para falar do "nó do analista" (ao qual será preciso retornar).

A experiência analítica, que só opera pela palavra e decifra o inconsciente na medida em que pode apreendê-lo em sua estrutura de linguagem, aposta em poder operar sobre a sua dimensão real, e não apenas simbólica — sobre, por assim dizer, a sua "base"; sobre o seu embasamento real, o de *lalíngua*.

Este "tocar" no real é uma experiência limite, sem dúvida, no sentido de uma experiência no limite de todo sentido, de toda apreensão simbólica/imaginária. Por isso frequentemente se fala dessa experiência limite, desse "passe", como de uma experiência relâmpago, que remete a afetos enigmáticos.

Não há instalação no real; sempre se trata de uma experiência esporádica. Ficar instalado no real seria estar permanentemente na angústia — e não é essa a finalidade de uma análise, é claro...

É preciso não fazer do real uma espécie de ideal. Nós o tocamos, inclusive extraímos dele certo saber. O saber dos impossíveis, como se expressa Lacan no "O aturdito": impossível da significação, do sentido, do sexo. Nesse texto fundamental, "O aturdito", o percurso de um tratamento é concebido, por assim dizer, como um percurso pelo "muro dos impossíveis"; é também nesse texto que Lacan estabelece a distinção fundamental entre os ditos e o dizer...

Será preciso indagar-se sobre como essa experiência com o limite se expressa na linguagem dos nós: trânsito de uma forma de nó a outra?

▪ ▪ ▪ ▪ ▪

Em *RSI* (S22), Lacan havia anunciado que iria dar um seminário que teria *4, 5, 6* como título... Ele evoca uma cantiga infantil bem conhecida em francês: "*1, 2, 3 / nous irons au bois, / 4, 5, 6, / cueuillir des cerises...*" — a canção continua até 12.

Lacan havia começado com o nó RSI com três (três elos enodados de maneira borromeana) —, o que chamei de uma espécie de nó "ideal", pois seria aquele que poderia dispensar o recurso ao Nome-do-Pai. Sabemos que Lacan teve de recorrer ao quarto elo para evitar a colocação em continuidade, por falta de nomeação, das três dimensões do nó com três. Recordemos: ao não poderem se distinguir, ao não serem nomeadas R, S e I, as três consistências são postas em continuidade, obtendo-se o nó de trevo, já apresentado em várias ocasiões — sendo esse nó de trevo o nó da indistinção, o nó da psicose paranoica (cf. p. 126, *Figura 4.14*).

Cumpre recorrer, então, a um quarto elo, que enode... os três elos do R, do I e do S desnodados (lapso do nó).

No caso, a função de nomeação e a de enodamento referem-se à mesma operação.

Esse quarto elemento — que, depois do seminário *O sinthoma* (S23), poderemos identificar genericamente como *sinthoma* (com *h*) — não é forçosamente do registro do simbólico.

A nomeação já não pertence exclusivamente ao simbólico, mas corresponde a esse quarto que enoda — seja ele Simbólico (sintoma), Imaginário (inibição) ou Real (angústia).

Isso pode ser posto em paralelo com aquilo que Lacan havia antecipado como "pluralização dos nomes do pai", entre o seminário sobre *A angústia* (S10) e o seminário sobre *Os quatro conceitos fundamentais da psicanálise* (S11).

Abre-se, assim, a perspectiva de uma nova clínica — clínica borromeana —, que amplia a clínica feita a partir da metáfora paterna e a partir da referência à castração como classificatória de neurose, psicose e perversão.

É uma ampliação no sentido de que as noções de enodamento, de lapsos do nó e de suas suplências, de suas correções, podem se aplicar às diversas estruturas da neurose, da perversão ou da psicose. Nesse sentido, o paradigma de referência é mais amplo e estabelece certa continuidade no tratamento das estruturas psicopatológicas clássicas, com seus termos ainda contaminados pelo vocabulário da psiquiatria.

A escrita borromeana nos vai propor muito mais combinatórias clínicas além das três que se definiam a partir da posição subjetiva diante da castração. Nesse sentido, podemos falar em um paradigma clínico ampliado.

Por outro lado, todos os *parlêtres* estão submetidos à mesma regra de deverem se situar nas três dimensões do simbólico, do imaginário e do real; e todos eles estão marcados pela "forclusão generalizada", forclusão do sentido do real — o real como fora de sentido... —, que encontra uma expressão no axioma de "exclusão" da psicanálise: "Não há relação/proporção sexual que possa se escrever".

Lacan, como dissemos, anuncia que vai dar um seminário *4, 5, 6*. Ele anuncia isso no final do seminário *RSI* (S22), no qual propôs parte do que foi apresentado aqui. Anuncia quatro, cinco e seis... o Inconsciente contaria até seis!

Ele confere ao inconsciente o estatuto de um "contador". É interessante... entre o Ics pensado como um trabalhador incansável, que trabalha para a produção do gozo... e esse estatuto de um inconsciente "contador", que só poderia contar até seis. Contudo, depois ele dá mais outra volta e fala em sete, oito e nove; mas ele só anuncia... não chegou a desenvolver.

Esses nós com quatro, cinco e seis elos são aqueles com os quais nos confrontamos mais especificamente na experiência analítica.

Lacan afirma em seu seminário *A lógica da fantasia*: "a fantasia é uma janela para o real". Não há por onde haver dúvidas de que a fantasia está construída imaginariamente; contudo, ela é uma janela para o real porque, justamente ali onde a fantasia está, ela vem encobrir o real. O atravessamento da fantasia — e, sobretudo, da fantasia fundamental — já é uma percepção, um "*aperçu*", sobre o real.

Como vimos, Bousseyroux escreve o nó da fantasia como um nó com seis, tal como apresentado por Lacan no seminário *Momento de concluir* (S25), em **13 de dezembro de 1977**. J. Chapuis o apresenta na p. 105.

É importante, por isso, o momento de atravessamento da fantasia... Continua sendo importante, apesar de apontarmos, no final da análise, para uma "identificação com o sintoma". Sustento como hipótese que o momento do atravessamento da fantasia é o momento que corresponde ao passe dentro do tratamento (não ao passe na transmissão no seio do dispositivo) —, momento em que pode ser, por exemplo, designado um passador. Pode haver outros momentos, mas, para mim, a designação do passador tem a ver com o momento do atravessamento da fantasia. Ele também pode se designar noutro momento: por exemplo, no momento da identificação com o sintoma do final. Porém, a identificação com o sintoma pressupõe, no meu entender, o atravessamento da fantasia. Não se pode falar em final sem atravessamento da fantasia, nem de identificação ao sintoma sem atravessamento da fantasia. Por mais que, em nossa história, se tenha falado preponderantemente em atravessamento da fantasia — e, mais adiante, tenhamos dado ênfase à identificação com o sintoma —, tanto um quanto a outra não deixam de ter relação. Afirmo, além disso, que um é condição da outra. Não há identificação com o sintoma sem que se tenha esvaziado previamente a significação... da fantasia... fundamental, a significação daquilo que chamo de "fantasia fundamental" — o que se sustenta na suposição do gozo do Outro (no gozo do Outro barrado), encarnado quase sempre na figura do pai ou da mulher. Ela sempre está pressuposta na estrutura neurótica: figura do pai, na neurose obsessiva; figura da mulher, no sujeito histérico.

Na estrutura psicótica — e, em particular, na paranoia —, é mais que uma suposição, é uma crença, acompanhada sempre de uma certeza.

Para a neurose, é fácil verificar que o sujeito neurótico sempre oferece a sua castração à manutenção da completude deste Outro suposto. Sempre insisto a respeito desta fantasia de base: o gozo de que careço, a falta de meu gozo, encontra a sua razão de ser numa suposição de que algum Outro o usurpou — de que o Outro, sim, o teria ao seu dispor, em sua posse. Isso é clínica de base, bastante facilmente localizável na prática. Mas essa construção fantasística com relação ao gozo está presente forçosamente em toda neurose, de uma maneira mais ou menos explícita e sempre acompanhada da fantasia do "roubo" do gozo que me falta — gozo "roubado" pelo Outro.

⁎ ⁎ ⁎ ⁎ ⁎

Então, quando Lacan anuncia quatro, cinco e seis, ele não diz quase nada do cinco e do seis. Não desdobra as escritas dos nós borromeanos com cinco ou seis elos. Quando fala da escrita do nó com quatro, pode-se suprir o lapso com a escrita de um nó com cinco; e com seis elos, quando falha a nomeação com cinco — precisa M. Bousseyroux.

⁎ ⁎ ⁎ ⁎ ⁎

Lacan se encontra com o caso Joyce pelas mãos de J.-J. Aubert. E ele fica fascinado com Joyce, em quem finalmente encontrará a prova do quarto como *sinthoma*, precisamente numa estrutura que não é uma estrutura neurótica.

O único "caso" borromeano apresentado por Lacan é o caso de Joyce, e não se pode dizer que Joyce disponha de um nó *"pépère"* com quatro, precisamente por causa daquilo que Lacan chama de a sua "forclusão de fato" do pai. Apesar disso, ele consegue formar um nó borromeano que supra essa forclusão; e é por isso que Lacan, ainda que se pergunte se Joyce é louco, nunca o diagnostica como "psicótico".

A clínica borromeana é apta a dar conta tanto da neurose como da psicose a partir da noção de suplência. De suplência entendida sempre como "reparação do lapso do nó"... esse famoso lapso do nó que faz com que tenhamos partido dos três registros não enodados, mas empilhados — ou seja, S, R e I não estão enodados diretamente. O que os enoda, minimamente, é o recurso a um quarto elo. São os elementos — não sei se essa palavra é boa. Lacan fala em "dimensões", não "elementos" da estrutura, pois já não estamos no estruturalismo, no qual os elementos são tais que implicam relações entre si... — estrutura tem a ver com relações entre elementos. Em contrapartida, cá estamos nós com as três dimensões R, S e I furadas, e é a estrutura do furo que permite a formação do nó borromeano, e não a relação entre elementos (como na estrutura do estruturalismo). É outra perspectiva, então, que não a perspectiva estruturalista.

A escrita dos nós vem da matemática; a teoria dos nós é um ramo da matemática. Ela não estava muito desenvolvida quando Lacan fez uso deles. Hoje está mais.

Os matemáticos trabalham com a escrita algébrica dos nós, coisa que não fazemos. Quando desenhamos os nós, fazemos uma apresentação imaginária. Os matemáticos, em contrapartida, escrevem fórmulas. Não fazemos esse exercício da escrita algébrica dos nós. O próprio Lacan precisa que ele faz um uso imaginário dos nós, mais ainda quando os desenhamos — quando os apresentamos, então, de maneira aplanada... —; mas é uma abordagem imaginária que permite cingir algo do real.

X.X. pergunta: ...
Quando falamos de certa continuidade entre a clínica da neurose e a da psicose, não estamos nos referindo a algo do estilo kleiniano...

O giro que se produz é que, primeiro, a ênfase não está tanto na divisão do sujeito — ou seja, no núcleo histérico —, mas na forclusão generalizada; ou seja, pode-se falar de uma espécie de nó psicótico comum a todos... como se costuma dizer, mas não me conformo muito com essa expressão.

Que haja forclusão generalizada, isso é um "fato" que concerne a todos e a todas; porém, não é porque se fala em forclusão generalizada que seria preciso supor uma psicose generalizada de base. Em todo caso, não creio que seja correto fazê-lo. Considerar esta "forclusão generalizada" como um núcleo psicótico generalizado me parece introduzir confusões desnecessárias.

Quer dizer que, para todos — genericamente, portanto —, há lapso do nó e necessidade de uma suplência. Se os neuróticos resolvem as coisas com uma suplência do tipo "pai" (o nó "*pépère*"), os psicóticos têm de inventar para si, um por um, a sua suplência. O recurso ao *sinthoma* (com *h*) "pai" é um recurso mais generalizado, mais adequado ao mundo discursivo constituído (a psicose segue sendo concebida como algo fora do discurso).

É preciso pensar as dimensões do *parlêtre* como não enodadas: elas vão se enodando... Isso corresponde à pergunta que Patricia Montozzi havia feito: quando se forma o nó para cada um? O nó se precipita em diversos momentos do desenvolvimento infantil. Principalmente no momento do encontro com o gozo e sua coalescência com *lalíngua*...

Ele é muito importante na clínica infantil, pois os analistas se deparam com o nó se formando... É muito distinto quando se atende um adulto, para quem o nó já está constituído, já está feito...

A clínica com crianças deve ser mais propícia para examinar a maneira como se configura, para essa ou aquela, a "solução" enodada. Com que suplência? Contando ou não contando com o recurso à formação do *"sinthoma"* com a nomeação paterna (introdução da significação fálica do gozo e transmissão do lugar do sujeito na geração)? Ainda que a presença do gozo fálico possa existir sem o recurso à metáfora paterna. Na época da metáfora paterna e da teoria da forclusão do Nome-do-Pai, a forclusão do Nome-do--Pai é considerada solidária à função fálica do gozo (e sua conseguinte castração).

C. Soler insiste (por exemplo, em seu livro *Lacan, leitor de Joyce*) que a clínica de Lacan acaba "dessolidarizando" esta associação.

Pode haver gozo fálico mesmo quando há forclusão de fato, como é o caso de Joyce. Tema que requer um debate e, sobretudo, ao que me parece, uma nítida ampliação daquilo que se entende por "gozo fálico"... que não se confunde com a "significação fálica" que se pode atribuir a ele, interpretando-o com essa significação.

Por outro lado, Lacan distingue claramente o "gozo peniano" (gozo no corpo) do gozo fálico (gozo fora do corpo). Esse tema é tratado, em primeira linha, por J. C. Indart *et al.* em *Sinthome e imagem corporal. En torno a casos clínicos* (Grama Ediciones, 2018).

▪ ▪ ▪ ▪ ▪

F. Schejtman — o nosso autor de referência, depois de M. Bousseyroux —, retoma os casos de Freud e tenta mostrar os distintos momentos da constituição nodal. Como exemplo, temos o caso do Pequeno Hans; no momento em que o nó do primeiro período infantil de Hans se desnoda, produz-se a emergência da angústia e, depois, um novo reenodamento — com a formação do sintoma fóbico.

X.X. pergunta: Estaria o *infans*, num primeiro momento, em um nó no qual os registros estão empilhados, não enodados?

R.C.: Creio que não... Na realidade, o axioma genérico dos três registros desnodados me parece mítico, em parte, visto que a criança já está inscrita no simbólico pela via do desejo (tenha ela sido, ou não, desejada), que já a marca desde o nascimento... e por outras marcas do simbólico também inscritas de partida.

Um sujeito para o qual os três registros não estivessem, em absoluto, enodados entre si, seja como for, não só estaria fora de linguagem, como também não teria possibilidade alguma de se situar no tempo e no espaço, nem com o seu próprio corpo... O autista em sua forma extrema?

X.X. pergunta : (referida ao bebê como imerso no real) Sim... quando se fala que a criança, ao nascer, seria como que um puro real. É uma hipótese sobre o gozo do corpo; hipótese de que a criança seria essa espécie de gozo "no limbo", de um ser que estaria submerso num gozo real. Mas é preciso ter cuidado em substancializar muito isso... Ficamos com a impressão de que ela está nesse gozo imediato, nesse limbo, do aqui-agora... nesse universo de equilíbrio ou de felicidade total... Mas isso também é mítico... porque ela já está imersa na linguagem e, portanto, não há esse gozo mítico puro. Lacan não é partidário de conceber uma forma de narcisismo primário, já que a criança está, de partida, concernida pelo "fora"... Vejam, por exemplo, o que ele diz na "Conferência de Genebra": não haveria esse gozo fechado em si mesmo...

Tal como desenvolve F. Schejtman, por exemplo, podemos ver como Hans está, num primeiro momento, instalado numa espécie de "paraíso" na relação com a mãe, e a forma do nó que F. Schejtman apresenta para esse tempo. Algo interfere (fundamentalmente, a experiência orgásmica de gozo de Hans com o nascimento de sua irmãzinha) e algo se desencadeia — rompe-se esse estado idílico. A experiência de gozo se apresenta a ele como algo estranho, vindo de fora, não integrável em seu universo imaginário/simbólico;

nesse sentido, podemos falar de "advento de um real", algo que se apresenta a ele como "sem sentido". É tudo questão de crises que desnodam e *sinthomas* que reenodam, portanto. Crises que costumamos chamar, precisamente, de "desencadeamentos".

▪ ▪ ▪ ▪ ▪

A angústia é a nomeação do real, assim como o sintoma é a do simbólico e a inibição, do imaginário. Tal como formula Lacan no final do seminário *RSI*. O problema é que ele não continuou trabalhando com essa questão, deixando-a apenas proposta; e, em *RSI*, apenas escreveu Ns e Ni... na forma do esquema de uma tétrade, sem escrever o nó do real.

Tanto o nó com cinco (da angústia, apresentado por M. Bousseyroux) quanto o nó com seis, da fantasia, são enodamentos do real.

A única forma de abordar o real é porque há nomeação desse real. Com efeito, do real "em si" nada se poderia dizer, porque ele está fora de todo sentido. A angústia se apresenta como um afeto; como o mais típico "advento do real", dirá Lacan.

A angústia é, por um lado, uma invasão do real no corpo, experiência do "incômodo" — como apresentou Freud —; ou pode ser a perda de todo sentido, do sentido da vida, por exemplo... Por um lado, invasão do real no corpo, o real no corpo... por outro, perda de todo sentido (perda de toda conexão do Simbólico com o Imaginário).

Lacan vai dar, por assim dizer, duas "entradas" para o real, duas "provas" do real: pelo sintoma e pela angústia. Quanto à inibição, será preciso dar mais uns passos, transformá-la em angústia ou em sintoma para que se enode ao real.

Por exemplo, na neurose obsessiva, quando o predominante é a inibição, será preciso transformar a inibição em angústia ou em sintoma para uma possível entrada em análise...

Por outro lado, não há entrada em análise de alguém bem instalado em seu *sinthoma*... Na realidade, se alguém está bem instalado em seu sintoma, o mais provável é que não demande uma análise; a menos que, por exemplo, a sua mulher, descontente com ele, o mande para uma... — já que dizemos a neurose obsessiva no masculino, preferencialmente!

A consistência egoica do sintoma obsessivo tem de passar por algo da angústia para ser desalojada dessa fortaleza egoica. O que remete à necessária "histerização" para a entrada em análise.

O obsessivo não chega sempre à análise pela angústia, ainda que frequentemente ele chegue por uma angústia pontual. Às vezes chega pela dúvida... O obsessivo faz de tudo para evitar a angústia...

Se alguém faz a sua demanda por causa da angústia — uma entrada, diríamos, em que predomina o real —, é necessário tentar fazer uma operação de "simbolização". Como sabemos: angústia demais não se pode analisar; e sem passar um pouco pela angústia... dificilmente se atingirá o núcleo duro do gozo e do sintoma.

■ ■ ■ ■ ■

Depois dessas breves perquirições, quero apresentar a vocês um outro itinerário com os nós. Aquele feito por F. Schejtman, que é outra das nossas referências principais. Disseram-me que já foi publicada uma segunda edição do livro *Sinthome. Ensayos de clínica psicoanalítica nodal*, de F. Schejtman.

O que faz F. Schejtman? Pois bem, ele afirma: Lacan não desenvolveu o seminário *4, 5 e 6*. Então eu faço! Lacan concentrou-se em Joyce e se esqueceu do projeto anunciado em *RSI*. Cabe a nós fazer esse seminário! — atreve-se Schejtman.

E ali ele se lança em algo ao qual Michel Bousseyroux não se propõe. Diferentemente de Bousseyroux, ele não parte do axioma que mencionamos, desta opção resoluta de Lacan quanto ao lapso do nó: lapso que dá lugar ao empilhamento S<R<I. Schejtman não diz que seja preciso deixar essa opção de Lacan, mas o fato é que ele não se mantém nela. Por quê? O que ele faz? Vai trabalhar com as seis combinações de R, S e I (como vimos), parte de seis combinações possíveis: SIR, SRI, ISR, IRS, RSI, RIS.

A partir disso, ele escreve duas formas de sintomas, duas de inibições e duas formas de angústia, conforme onde se venha a situar o quarto elo, que repara o lapso do nó.

Isso lhe permite fazer a leitura de muito mais combinações possíveis.

■ ■ ■ ■ ■

M. Bousseyroux, em contrapartida, atém-se à opção de Lacan, trabalhando sobre o que resulta do lapso que tem como consequência S<R<I e que, como vimos, leva a detectar uma Ns, uma Ni e duas formas de Nr. Mas, na realidade, são equivalentes: uma Nr a uma Ns e a outra Nr a uma Ni. Então, a nomeação real é um problema... pois ela não se escreveria em sua particularidade apenas com o recurso a um quarto elo, a um nó com quatro. Para escrevê-la é preciso recorrer a um quinto elo, como vimos anteriormente (cf. p. 157), apresentado com a escrita que encontramos em M. Bousseyroux.

■ ■ ■ ■ ■

Em contrapartida, se seguimos a proposta de Fabián Schejtman, podemos distinguir entre duas modalidades de sintoma, duas de inibição e duas de angústia.

Para que vejam do que se trata, volto a tomar as seis combinatórias e localizo sintoma, angústia e inibição ali onde eles vêm reparar o lapso.

O lapso fica escrito entre a primeira e a segunda letra das combinatórias; por exemplo, RℵSI significa que há lapso entre R e S — lapso reparado com ℵ (aleph), quarto elo da angústia.

Isso significa que não se parte unicamente do lapso que desemboca no empilhamento S<R<I — que, como tínhamos visto, era a opção fundamental de Lacan, conforme precisa M. Bousseyroux.

Vocês verão que na abordagem de Schejtman considera-se todas as formas de empilhamento possível (as seis combinações apresentadas); e cada "suplência", cada reparação remeterá, então, a uma forma de lapso específica e diferencial do nó.

Podemos assim localizar:

## 1. Duas modalidades de sintoma:
- S (sintoma-letra) R I
- S (sintoma-metáfora) I R

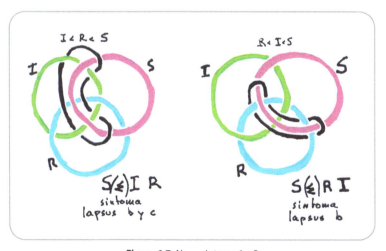

**Figura 6.7:** Ns — sintoma 1 e 2

O sintoma-letra repara um lapso que teria se produzido entre S e R, enquanto que o sintoma-metáfora repararia um lapso produzido entre S e I.

Em ambos os casos se trata de *sinthomas* (de nomeações simbólicas) que reparam o nó, mas eles remetem a lapsos diferentes.

## 2. Duas modalidades de inibição:

- I (Inibição) S R
- I (Inibição) R S

A inibição repara o lapso, seja entre I e S, seja entre I e R.

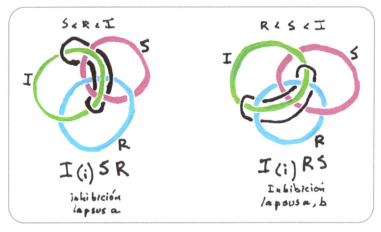

**Figura 6.8:** Ni — inibição 1 e 2

(A segunda dessas figuras corresponde à apresentação que J. Chapuis faz do nó que ele chama de "NBo4 *alternativo*"). Será preciso ver a que formas clínicas essas duas formas de inibições correspondem.

## 3. Quanto à angústia:

Para F. Schejtman, ela pode se escrever num nó com 4 e também apresenta duas formas. Isso se as duas formas de nomeação real com o nó com quatro de base S<R<I perderem a sua especificidade por se assimilarem uma com uma Ns e outra com a Ni — opção que, como vimos, seria privilegiada por Lacan, segundo a leitura de M. Bousseyroux. Não conservando essa opção, Schejtman escreve duas formas de enodamento real que não se confundem com outras nomeações, simbólica ou imaginária.

Ele isola, desse modo, duas formas de angústia:

- R (angústia-letra) S I, que repara um lapso entre o R e o S;
- R (angústia-corpo) I S, que repara um lapso entre R e I.

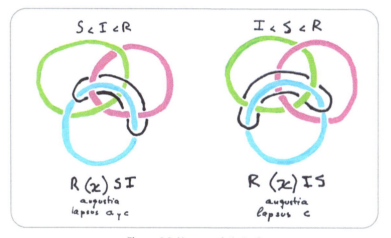

**Figura 6.9:** Nr — angústia 1 e 2

Será preciso ver o que ele entende por angústia-letra. Angústia do escritor? Não vamos nos precipitar... é só uma hipótese.

Em contrapartida, a angústia-corpo é a que conhecemos mais familiarmente e mais clinicamente. Aquela que Lacan apresenta no nó de "A terceira", como o Real invadindo o campo do Imaginário... até a crise de pânico, quando invade todo o campo do imaginário, do corpo, no corpo.

▪ ▪ ▪ ▪ ▪

Cumpre situar novamente os pontos onde podem se produzir os lapsos. Recordamos os seis pontos possíveis onde pode haver "erro" de ortografia... ou seja, lapsos.

Recordemos: o lapso (a falta de ortografia) se produz nos pontos de cruzamento entre dois registros — em vez de passar por cima, passa-se por baixo, ou vice-versa. Obtemos diferentes formas de empilhamentos... e/ou de enlace conforme o tipo de "falta de ortografia" que se cometa, conforme o tipo de lapso do nó (cf., para o desenvolvimento desse ponto, p. 119-120).

As seis combinatórias sempre têm a ver com os lapsos (a), (b) e (c), isto é, os que se produzem nos dois pontos de cruzamento de um registro com outro. Lapsos a partir dos quais se produz um empilhamento de R, S e I, mas nenhum enlace.

Recordemos que, em contrapartida, se o erro se produz num só ponto de cruzamento, obtém-se um enlace entre duas consistências — a outra ficando solta. Era, como vimos, o caso de Joyce; e também, como vimos, da esquizofrenia, da mania ou da melancolia.

▪ ▪ ▪ ▪ ▪

Todos estamos enfermos de mentalidade porque o imaginário impera sobre o simbólico no empilhamento que Lacan — conforme diz M. Bousseyroux — toma como axioma...

O lapso de base do axioma de Lacan, o lapso (a) — a escolha resoluta de Lacan —, nos dá como resultado o empilhamento S<R<I.

Mas se consideramos os dois outros lapsos, (b) e (c), obtemos outras formas de empilhamento: as seis formas de empilhamento tratadas por F. Schejtman.

Dos três lapsos "duplos" possíveis, Lacan — insistimos muito neste ponto — só se ocupou de um.

Se a proposta de F. Schejtman é válida, ela evidentemente nos abre para uma clínica mais ampla que a apresentada por Lacan com o único axioma de S<R<I.

* * * * *

Falei, a título de hipótese, da angústia da letra como angústia do escritor. A angústia da letra, que é diferente da angústia que toca o corpo e que pode ir até o ataque de pânico.

A angústia é um afeto muito interessante porque, ao mesmo tempo, é totalmente paralisadora (é preciso acalmá-la na análise; não se pode analisar um sujeito com um ataque de pânico). O que fazer, então, com a angústia? Antes de mais nada, simbolizá-la, situá-la no tempo. A angústia se apresenta como fora de tempo. Pode-se então tentar situá-la num relato, num eixo temporal. A angústia, em sua manifestação, aparta-se do eixo temporal; ela é algo como um presente-presentificado, vai no sentido contrário ao eixo temporal. Uma primeira maneira de tratá-la — em particular quando se apresenta de forma maciça na entrada em análise — é, portanto, fazê-la entrar no tempo, historicizá-la. Situá-la naquilo que a desencadeou, em suas repetições, em seus antes e depois... Trata-se assim, portanto, de "enquadrá-la".

Dessa angústia, encontramos finas descrições nos fenomenólogos e nos filósofos: uma presença, uma temporalidade detida, em suspenso.

Há pessoas que não re-conhecem a angústia. Lembro-me de uma pessoa, muito próxima de mim, que me dizia que não sabia o que era a angústia. Mostrei para ela rapidinho!

Muitas vezes, ela se encontra mais do lado feminino que do masculino. Mas atenção!, porque a angústia — enquanto angústia de castração (a única, afinal, reconhecida por Freud, ainda que ela se desse na forma de diversas perdas) — está mais do lado masculino que do feminino, por pura lógica. Em contrapartida, pode-se postular — como eu, sem dúvida, faço — uma angústia não vinculada com a castração/perda, e é uma angústia que tem muito mais a ver com a posição "feminina", que se encontra em todo caso, homem ou mulher, do lado da lógica do dizer não todo. Pode-se assim postular um vínculo estreito entre um gozo outro, que não o fálico, e a angústia. Não se trata da angústia de castração, e sim da angústia do abismo, do vazio, da relação com o Outro barrado. Essa angústia tão presente nos escritos dos místicos e que corre em paralelo à sua transmissão de um gozo, *une joie*, muito singular — gozo que as palavras não conseguem descrever. Angústia distinta, portanto, da angústia de castração...

Quanto à angústia de castração, ela é mais característica do lado masculino; ou, melhor dizendo, mais vinculada com o gozo inteiramente consagrado pela castração, isto é, com o gozo todo fálico — esteja ele presente em homens ou em mulheres.

Dificilmente se pode conceber uma análise que não passe pela angústia, nem que não mais que pontualmente. Precisamente, dada a sua conexão com o real, ela é como uma janela para o real.

Se não apreendemos o real pelo sentido, nós o apreendemos pelo afeto da angústia. Por isso Lacan chama esse afeto de o afeto típico do "advento do real" (tema do próximo X Encontro Internacional da IF, em setembro de 2018).

Não quer dizer que a orientação do tratamento seja, é claro, uma "*poussée*" à angústia, um empuxo à angústia. Quando, por exemplo, numa neurose obsessiva se abre um ponto de angústia, produzem-se transes obsessivos que se assemelham, em parte, à crise psicótica... caso em que a angústia se torna invasiva de tal maneira que é preciso acalmá-la, inclusive recorrendo a uma medicalização...

(Diálogo com Carmen Lafuente sobre um caso. Por razões de sigilo, não faço menção ao que foi dito.)

É tão singular a cada sujeito, sobretudo nas mulheres... a angústia de castração pode ser causa de muito sofrimento, mas sempre pode ser interpretada; enquanto que a angústia "feminina", por assim dizer, não passa pela interpretação, passa pela limitação e por assegurar, na medida do possível, uma ancoragem fálica... Quando tem a ver com o gozo feminino outro, sem limite, cumpre poder amarrar...

Quando digo amarração fálica, não estou querendo dizer que seja buscada amarrando-se a um homem, necessariamente. A amarração fálica não é necessariamente o apego a um homem. Pode ser a profissão. O gozo fálico se dá nas manifestações diversas do trabalho, dos filhos, da escrita... Não é, necessariamente, entregar-se a um homem... Sempre é preciso ver caso a caso...

■ ■ ■ ■ ■

Nessa montagem da escrita borromeana que estamos percorrendo, talvez o que mais suscite interrogações seja justamente a nomeação do real...

A letra do sintoma, em contrapartida, é algo fixado; e fixado desde a infância. Aqui temos de diferenciar duas coisas: o sintoma no sentido do gozo do sintoma e o *sinthoma* com h. Distinção que mencionamos em mais de uma ocasião. O sintoma-letra está fixado na coalescência entre o gozo e um elemento de *lalíngua*. (Lembremos da "Conferência de Genebra").

O *sinthoma* (com h) é a nomeação do *parlêtre*, é a nomeação do nó. Na medida em que o nó é o real do *parlêtre*. Por isso Lacan brinca com o equívoco "*nommé*" e "*noué*", nomeado e enodado.

Também não é o nome próprio, pois este teria mais a ver com o nome de gozo — como no Homem dos Ratos, por exemplo. O rato é o nome do seu gozo, é a letra do seu gozo-sintoma.

Será preciso retomar este tema da distinção entre o nome próprio e a nomeação do nó...

A nomeação é uma função de enodamento, é um dizer, é contingente e não está dada para sempre na história do *parlêtre*. Ela pode se modificar. Enquanto que o núcleo do gozo (não digo seu envoltório metafórico — que pode, sim, modificar-se; pode, sobretudo, deslocar-se) está fixado, é... um núcleo invariável. Só assim se pode entender que se fale em "identificação ao/com o sintoma".

A nomeação enoda; ela é um dizer, não é fixa; a análise pode mudá-la. Enquanto isso, o gozo de um sintoma... alguém pode se identificar com ele, mas não há tantas mudanças no nível da fixação de gozo... Pode haver, quando muito, "desvalorização" desse gozo...

Para Lacan, por fim, a neurose tem sempre a forma de um nó borromeano. Em contrapartida, a psicose, não. Como vimos, isso supôs uma mudança em Lacan, pois até *Les non-dupes errent...* (S21) ele pensava o contrário (cf. nossas primeira e segunda intervenções). Depois situou: a neurose é borromeana; a psicose, não. Mas — e essa é a prova com Joyce — quando não se conta com um enodamento borromeano do tipo da neurose, a causa da "forclusão de fato" do pai, isso não impede que se consiga uma estruturação nodal borromeana.

Por isso Lacan acaba nunca designando Joyce como um psicótico. Porque com a sua arte ele conseguiu a borromeização de sua "estrutura". Essa borromeização não está à sua disposição de partida, desde a infância, mas é o resultado de um *work in progress*... Não sendo borromeano de partida, o psicótico tem de fazer uma invenção... tem de inventar para si uma nomeação sem recorrer ao pai.

Pode-se falar em modificação na neurose, mas ela não tem o caráter de invenção que tem na psicose. Na neurose, o quarto com o qual se enoda — o seu *sinthome/ sinthoma* — é, por assim dizer, da ordem do implantado socialmente, enquanto se mantiver... certa forma de enodamento pelo pai...

Isso remete ao debate: estamos diante de um evidente — ou não — declive do sintoma paterno como nomeação?

Na neurose, há também desencadeamentos... há modificações na análise e há modificações estruturais ao final da análise. Ademais, e em particular, devemos nos interrogar: qual seria o nó do analista? (veremos a proposta de M. Bousseyroux). Pode-se falar em um nó-tipo do analista?

■ ■ ■ ■ ■

Vimos parte do percurso de Lacan: o ponto de partida, naquilo que chamei de seu "nó ideal" de três consistências, e as razões pelas quais ele tem de abandoná-lo e recorrer a um quarto elo, que enoda o não enodado.

No final, ele volta a se encontrar com a possibilidade de uma passagem do nó com quatro ao nó com três, com a concepção do "nó generalizado".

Trata-se de uma invenção, um achado de Jean-Michel Vappereau: com o nó borromeano generalizado, passa-se do nó com quatro a um nó com três. Vappereau entrega isso de bandeja ao apontar para Lacan a regra de homotopia em topologia: regra pela qual, sem fazer corte algum, pode-se passar de um nó com quatro a um nó com três — como apresentado por M. Bousseyroux em *Lacan le borroméen*[2].

Entretanto, Lacan voltará a passar por uma conexão entre os nós e a topologia das superfícies no tratamento das três identificações. Ele irá passar pela operação que consiste em considerar que cada elo é um toro, e que nesse toro podem se produzir cortes (longitudinais ou não...) que permitem novas incursões clínicas.

Continuaremos no primeiro semestre de 2018. No entanto, com a ajuda de J. Chapuis, faremos um documento com estas seis intervenções de 2017.

*À suivre...*

(Aplausos)

---

[2]Nota do tradutor: Em castelhano, *Lacan el borromeo. Ahondar en el nudo*. Barcelona: S&P ediciones, 2016, p. 114.

# Cronologia

### PRÉ-HISTÓRIA DO NÓ RSI
*(primeira parte deste seminário)*

- Seminário 19, *...ou pior* (S19)
- Seminário 20, *Mais, ainda* (S20)
- Seminário 21, *Les non-dupes errent* (S21)

09-02-1972 ▪ Encontro de Lacan com o nó. Escreve, pela primeira vez, um nó com três. (S19)

03-03-1972 ▪ Lacan escreve um nó com três pela primeira vez. (S19)

15-05-1973 ▪ Diversas representações do nó e apresentação de um nó com treze elos (S20, *Figura 6*). Nó de trevo. Duas disposições de acoplar os eixos (*dextro* e *levo*). Apresentações de enlace de dois elos. (S20, Cap. 10)

22-10-1973 ▪ Respostas a perguntas de J.-A. Miller. Novas apresentações do nó e da cadeia de dois elos, entre outros... (S20, Cap. 10)

13-11-1973 ▪ Primeira sugestão de identificar os elos do nó borromeano com as dimensões dos registros R, S e I. Nós dextrogiro e levogiro. Autocrítica de Lacan. (S21)

14-05-1974 ▪ Nós dextrogiro e levogiro. (S21)

11-12-1973 ▪ Nó RSI. No inconsciente não há cadeia de significante, há Uns, enxame de Uns. (S21)

18-12-1973 ▪ Os nós do amor. (S21, também em 8-1-1974 e 12-3-1974)

08-01-1974 ▪ Retoma a distinção nó dextrogiro e levogiro. (S21)

15-01-1974 ▪ *Pourquoi le Réel est-il trois? C'est une question que je fonde, que je justifie de ceci: qu'il n'ya pas de rapport sexuel.*[1] (S21)

12-03-1974 ▪ Os nós do amor. (S21, também em 8-1-1974 e 12-3-1974)

▪ ▪ ▪ ▪ ▪

## Lapso, suplências, nomeações
*(segunda parte deste seminário)*

- "A terceira"
- Seminário 22, *RSI* (S22)
- Seminário 23, *O sinthoma* (S23)
- Conferências em universidades norte-americanas

01-11-1974 ▪ Espaço borromeano, dimensões enodadas, trança. Localização e atribuição de diversos conceitos, os gozos como irrupções de um registro em outro no nó RSI aplanado. ("A terceira")

10-12-1974 ▪ Lacan escreve o nó com três identificando, "nomeando" e colorindo cada uma das consistências como R, S ou I. Nó borromeano mínimo, isto é, com três elos. Escrita *"mise à plat"*, aplanamento. (S22)

---

[1] Nota do tradutor: Do francês: "Por que o real é três? É uma questão que eu fundamento, que eu justifico com o seguinte: que não há relação sexual".

10-12-1974 ▪ Localização dos gozos no nó como irrupções de um registro em outro: JΦ gozo fálico e JA gozo do Outro (S22). Também mais tarde, em (S23,16-12-1975).

14-01-1975 ▪ Nó "*freudiano*" segundo Lacan. (S22)

21-01-1975 ▪ Nova apresentação do nó aplanado de "A terceira". (S22)

11-02-1975 ▪ Apresentação de consistência, furo e ex-sistência. Também em 18-2-1975. (S22)

11-02-1975 ▪ Localização do sentido, entre Imaginário e Simbólico. (S22)

11-02-1975 ▪ Erro de Lacan, também em 13-5-1975. (S22)

18-02-1975 ▪ Nó de Lacan, com Nomeação simbólica e real. (S22)

11-03-1975 ▪ Não passemos mais o Simbólico pela frente do Imaginário. S passa debaixo do Real e debaixo do imaginário. (S22)

11-03-1975 ▪ Outra apresentação do nó com quatro. Sempre com S por baixo de R, e R por baixo de I: S<R<I. (S22)

18-03-1975 ▪ Lacan menciona que M. Thomé encontrou o "erro" da *Figura 6* de *Mais, ainda*. (S22)

13-05-1975 ▪ Apresentação do nó com quatro. Última aula de *RSI*. (S22)

13-05-1975 ▪ O nó: enlace por não se enlaçar. Exemplo de erro de enodamento de nó com quatro. (S22)

18-11-1975 ▪ Nó com três, RSI. Empilhamento S<R<I não enodado e enodado com nomeação simbólica (meia-lua que bordeja S). (S23)

18-11-1975 ▪ Nó do acoplamento *Sinthoma*+Simbólico. (S23)

25-11-1975 ▪ Apresentação de uma forma do NBo4. Conferência Univ. de Yale.

01-12-1975 ▪ As dimensões/diz-menções encastradas de modo borromeano. Conferência "O sintoma", Univ. de Columbia.

16-12-1975: ▪ Escreve JA, em vez de JA, entre R e I: o furo verdadeiro. (S23)

10-02-1976 ▪ Nó de trevo, lapso e correção. Também em 17-2-1976. (S23)

17-02-1976 ▪ Equivalência por inversão, Nó de Whitehead, Nó da fantasia. (S23)

17-02-1976 ▪ Nó com quatro: por que Lacan considera que há dois erros? É realmente um nó borromeano. Mas Lacan fala de dois erros porque o Imaginário passa por cima do simbólico e, apesar disso, é o empilhamento S<R<I que corresponde à sua escolha. (S23)

17-02-1976 ▪ O *sinthoma* borromeano. (S23)

16-03-1976 ▪ O Nome-do-Pai é algo leve. (S23)

11-05-1976 ▪ Joyce: o ego corretor e a reconstituição do nó borromeano. (S23)

31-10-1976 / 02-11-1976 ▪ O furo falso. O dois é duvidoso; é preciso chegar ao três para que se sustente. (*Lettres EF*)

# Referências bibliográficas

ABBOTT, Edwin A. (1884) *Planolândia: um romance de muitas dimensões*. Trad. L. S. Mendes. São Paulo: Conrad, 2002.
BOUSSEYROUX, Michel. *Au risque de la topologie et de la poésie. Élargir la psychanalyse*. Toulouse: érès, 2011. (Em castelhano: *A riesgo de la topología y la poesía* [*Pliegues monográfico n°9*], edição do FFCLE-F9, 2017)
\_\_\_\_\_. *Lacan le borroméen: creuser le nœud*. Toulouse: érès, 2014 [Em castelhano: *Lacan el borromeo. Ahondar en el nudo*. Barcelona: Ediciones S&P, 2016]
\_\_\_\_\_. *Penser la psychanalyse, Marcher droit sur un cheveux*. Toulouse: érès, 2016.
BRACHET, M. E.; CLARK DI LEONI, P.; MININNI, P. D. Helicity, topology, and Kelvin waves in reconnecting quantum knots. In: *Physical Review A* 94, 043605. Estados Unidos da América: American Physical Society, 2016.
BRUNO, Pierre. Em castelhano: *Un psicoanálisis puesto a prueba*. Barcelona: Ediciones S&P, 2015.
CHAPUIS, Jorge (colab. R. Cevasco) (2014) *Guia topológico para o "O aturdito": um abuso imaginário e seu além*. Trad. P. S. de Souza Jr. São Paulo: Aller, 2018.
DELIGNY, Fernand. *Œuvres*. Estab. e apres. S. Á. de Toledo. Paris: Ed. L'Avachéen, 2007.
FIERENS, Christian. *Lectura de L'étourdit. Lacan 1972: sexuación y discursos, el muro de lo imposible*. Barcelona: Ediciones S&P, 2012.
FRUCELLA, María Laura. *El corazón de la letra: la controversia Derrida-Lacan*. Barcelona: Ediciones S&P, 2016.

INDART, Juan Carlos; BENITO, Eduardo; GASBARRO, Cecilia; KLAINER, Esteban; RUBINETTI, Cecilia; VITALE, Fernando. *Sinthome e imagen corporal. En torno a casos clínicos.* Buenos Aires: Grama, 2018.

LACAN, Jacques (1946) Formulações sobre a causalidade psíquica. In: *Escritos.* Trad. V. Ribeiro. Rio de Janeiro: Editora Zahar, 1988, p. 152-194.

_____. (1945) O tempo lógico e a asserção de certeza antecipada: Um novo sofisma. In: *Escritos.* Trad. V. Ribeiro. Rio de Janeiro: Editora Zahar, 1988, p. 197-213.

_____. (1957-1958) De uma questão preliminar a todo tratamento possível da psicose. In: *Escritos.* Trad. V. Ribeiro. Rio de Janeiro: Editora Zahar, 1988, p. 537-590.

_____. (1972) O aturdito. In: *Outros escritos.* Trad. V. Ribeiro. Rio de Janeiro: Editora Zahar, 2003, p. 448-497.

_____. (1971) Lituraterra. In: *Outros escritos.* Trad. V. Ribeiro. Rio de Janeiro: Editora Zahar, 2003, p. 15-25

_____. (1967) Proposição de 9 de outubro de 1967 sobre o psicanalista da Escola. In: *Outros escritos.* Trad. V. Ribeiro. Rio de Janeiro: Editora Zahar, 2003, p. 248-264.

_____. (1976) Prefácio à edição inglesa do *Seminário 11.* In: *Outros escritos.* Trad. V. Ribeiro. Rio de Janeiro: Editora Zahar, 2003, p. 567-569.

_____. (1972) L'étourdit. In: *L'Etd*, documento interno com notas de leitura e versão em castelhano. Barcelona: Centro de investigación P&S, 2017.

_____. (1962-1963) *O seminário, livro 10: a angústia.* Trad. V. Ribeiro. Rio de Janeiro: Editora Zahar, 2005.

_____. (1964) *O seminário, livro 11: os quatro conceitos fundamentais da psicanálise,* 2ª ed. Trad. M.D. Magno. Rio de Janeiro: Editora Zahar, 1985.

_____. (1968-1969) *O seminário, livro 16: de um Outro ao outro.* Trad. V. Ribeiro. Rio de Janeiro: Editora Zahar, 2008.

_____. (1969-1970) *O seminário, livro 17: o avesso da psicanálise.* Trad. A. Roitman. Rio de Janeiro: Editora Zahar, 1992.

\_\_\_\_\_. (1971) *O seminário, livro 18: de um discurso que não fosse do semblante*. Trad. V. Ribeiro. Rio de Janeiro: Editora Zahar, 2009.

\_\_\_\_\_. (1971-1972) *O seminário, livro 19: ...ou pior*. Trad. V. Ribeiro. Rio de Janeiro: Editora Zahar, 2012.

\_\_\_\_\_. (1972-1973) *O seminário, livro 20: mais, ainda*, 2ª ed. Trad. M.D. Magno. Rio de Janeiro: Editora Zahar, 1985.

\_\_\_\_\_. (1975-1976) *O seminário, livro 23: o sinthoma*. Trad. S. Laia. Rio de Janeiro: Editora Zahar, 2007.

\_\_\_\_\_. Seminários inéditos. Há diversas publicações, parciais ou integrais — em francês, castelhano e português —, em revistas ou cópias diversas de difusão restrita e/ou formato digital.

\_\_\_\_\_. (1961-1962) *Le séminaire, livre IX: l'identification*.

\_\_\_\_\_. (1966-1967) *Le séminaire, livre XIV: la logique du fantasme*.

\_\_\_\_\_. (1971-1972) *Le séminaire, livre XIX: le savoir du psychanalyste*.

\_\_\_\_\_. (1973-1974) *Le séminaire, livre XXI: les non-dupes errent*.

\_\_\_\_\_. (1974-1975) *Le séminaire, livre XXII: RSI*, parcialmente publicado na revista *Ornicar?*, n° 2, 3, 4, e 5, 1975 e 1976.

\_\_\_\_\_. (1976-1977) *Le séminaire, livre XXIV: l'insu que sait de l'une-bévue s'aile à mourre*, parcialmente em *Ornicar?*, n° 12-13, 14, 15, 17-18, de 1977 a 1979.

\_\_\_\_\_. (1977-1978) *Le séminaire, livre XXV: le moment de conclure*.

\_\_\_\_\_. (1978-1979) *Le séminaire, livre XXVI: la topologie et le temps*. [Em castelhano: "La topología y el tiempo". In: *Actas de la Escuela Freudiana de Paris, VII Congreso, Roma, 1974*. Barcelona: Ed. Petrel, 1980]

\_\_\_\_\_. Conférence de presse du Dr. Lacan (29 octobre 1974 au Centre culturel français). In: *Lettres de l'École*, n° 16, 1975, p. 6-26 [Em castelhano: Conferencia de prensa del Dr. Lacan, Roma, 29 de outubro de 1974. Trad. I. Manzi. In: *Actas de la Escuela Freudiana de Paris, VII Congreso, Roma, 1974*. Barcelona: Ed. Petrel, 1980, p. 15-34.]

_____. (1975) Conferencia en Ginebra sobre el sintoma. In: *Intervenciones y textos 2*. Buenos Aires: Manantial, 1988, p. 115-144.

_____. (1974) La troisième [Conferência no 7º Congresso da École Freudienne de Paris, em Roma], *Lettres de l'École Freudienne*, 1975, nº 16, p. 177-203. [Em castelhano: La tercera. In: *Intervenciones y textos 2*. Buenos Aires: Manantial, 1988, p. 73-108. Conteúdo integral disponível em <www.valas.fr/Jacques-Lacan-La-Troisieme-en-francais-en-espagnol-en-allemand,011> (Transc. Patrick Valas).]

_____. Lo simbólico, lo imaginario y lo real [Conferência de 8 de julho de 1973]. In: *De los Nombres del Padre*. Trad. N. González. Buenos Aires: Paidós, 2005, p. 11-64.

_____. Introducción a los Nombres del Padre. In: *De los Nombres del Padre*. Trad. N. González. Buenos Aires: Paidós, 2005, p. 65-103.

_____. (1971-1972) *Estou falando com as paredes*. Trad. V. Ribeiro. Rio de Janeiro: Editora Zahar, 2011. [Corresponde às três primeiras aulas do que também se conhece como seminário *O saber do psicanalista*].

_____. (1974) *O triunfo da religião — precedido de Discurso aos Católicos*. Trad. A. Telles. Rio de Janeiro: Editora Zahar, 2005.

_____. Respuestas de Jacques Lacan sobre los nudos y el inconsciente en las Jornadas de la Escuela Freudiana: Los matemas el psicoanálisis [31 de outubro a 2 de novembro de 1976], *Lettres de l'École Freudienne*, nº 21, agosto de 1977.

LEFORT, Rosine; LEFORT, Robert (1980) *Nascimento do outro*. Trad. A. Jesuino. Salvador: Ed. Fator Livraria, 1984.

PLATÃO. *Parmênides*, diversas publicações.

PORGE, Érik. *Lettres du symptôme: Versions de l'identification*. Toulousse: érès, 2010.
SCHEJTMAN, Fabián. *Sinthome. Ensayos de clínica psicoanalítica nodal*. Argentina: Grama, 2013.
SOLER, Colette. *Lacan, leitor de Joyce*. Trad. C. Oliveira. São Paulo: Aller, 2018.
_____. *Les affects lacaniens*. Paris: Les presses universitaires de France, 2011.
SOLLERS, Phillippe. *Paradis*. Paris: Seuil, 1981.
VALAS, Patrick. Website, disponível em: <www.valas.fr>.

Este livro foi impresso em setembro de 2021
pela gráfica Forma Certa para Aller Editora.
A fonte usada no miolo é Century Schoolbook corpo 10,5.
O papel do miolo é Offset 90 g/m$^2$.